人生の鍵シリーズ

希望実現の鍵

谷口雅春［編著］

光明思想社

編者はしがき——「希望実現の鍵」で壁を超える

どうして私たちは希望や夢をもち、実現したいと思うのであろうか。それは簡単に言うならば、私たちは本来「神の子」であり、既に健康な命を本来持っているがゆえに「健康になりたい」という希望が自分の内奥からわき上がって来るからである。本来豊かな富を持っているがゆえに「豊かになりたい」と希望するからである。本来、幸福になるように創造されているからこそ、万人は「幸福になりたい」という希望を持っているのである。

しかるに、その希望を実現できずに悩んでいる人たちが、星々のようにあまたいるのはどうしてであろうか。

それは本書で示されているように、あたかも希望実現の車のアクセルを踏みながらも、一方でブレーキを同時に踏んでいるからである。

例えば本書に登場するジャック・アダムスは著述家であったが、二流の雑誌にものを書いてその原稿は広く読者から喜ばれていたのであるが、なかなか一流の著述家の仲間入りができなかったという。

その彼が壁を乗り超えることができたのは、彼が「神の子」の自覚に目覚めるとともに自分で勝手に「壁」をつくっていたことに気がついたからだった。つまり、アダムスは自分でアクセルを踏むとともにブレーキをも踏んでいることに気づいたのである。もともと一流と二流との間に障礙《しょうがい》などなかったのに勝手にその壁を自ら創り出していたのだった。そのことに気づいたジャック・アダムスが米国一流の雑誌の有名なる寄稿家になったことは言うまでもない。谷口雅春先生の次のご文章に耳を傾けてみよう。

ジャック・アダムスの真理の思念の言葉に於《お》いて、「神――即ち世界で最も有力なる作家――と共に協同著述しつつあるのだ」という思念が、今まで彼の実相《じっそう》を蔽《おお》いかくしていた恐怖心をとり去ってしまい、彼自身に宿る完全なる能力を発現せしむるに到ったのは注目すべき点であります。

されば読者よ。自己を信ぜよ。「自分は神の子である」「神と偕《とも》に常に我《われ》はあるゆえあらゆることは可能なのである」これは人間の実相についての最も端的なる表現であります。多くの人達が自分自身の実相の無限能力を自覚しないがために、いたずらに自分の能力を自分自身の迷いで限るがために、あたら有為《ゆうい》の能力を無為《むい》に終らせつつあるのはまことに残念なことなのであります。吾々《われわれ》の生命は神から出《い》でたものなのであります。神のすべての智慧《ちえ》、神のすべての愛、神のすべての力は、今、現に今、わがものなのであります。失敗して悲観している神さまを諸君は見たことがありますか。そんなことはありますまい。神と一体であり、神の生命を生き、神の力を生き、神の智慧を生きているところの諸君には如何《いか》なる失敗もあり得ないのです。まず心の障礙《しょうがい》をとり除いて自分の能力にブレーキをかけることをやめよ。これが成功の第一条件であります。まず自己自身を神の子であると信ぜよ。その信念を実行せよ。神は完全なる自由であって何ものにも縛《しば》られる事はないのである。どんな制約をも受けることなく自由自在なのであります。神と一体なるところの自分が何でもできるということを信じてまず実践することが必要です。実践が信念を更《さら》に呼びおこし、信念は更に有力なる実践をよびおこすのであります。

まさに本書は、いつも神と偕《とも》にあるという「神の子」の自覚によって壁を超えて希望を実現する鍵が端的に示されている。

また本書は、実際に希望を実現した実例も満載しており、読者はその豊富な体験例から、希望を実現する具体的な方法について学ぶことができる。

さらに、祈りによって〝希望という種〟を、一度〝神という畑〟に撒《ま》いたら、それを実現する方法や収穫する時期はすべて神におまかせして、祈った後に何が起こってきても、それを神の導きとして感謝するところに、希望が成就することが強調されている。

まさに天地万物の創造者たる神こそが希望を実現する方法と適当なる時期とを知って

おられるのであり、その御手《みて》に全てを委《まか》せて、その導きのままに行動することが「希望実現の鍵」なのである。

本書でいよいよ「人生の鍵シリーズ」も完結である。これまで出版された『人生調和の鍵』『無限供給の鍵』『生活改善の鍵』と同じく、本書も米国ユニティ協会の事例を紹介しつつ、谷口雅春先生がわかりやすく編著されたものであるが、本シリーズ全体を通読されて一人でも多くの方が「人生問題解決の鍵」を使用せられて、地上に天国を実現し、幸福生活を送られることを願ってやまない。

平成二十一年八月一日

谷口雅春著作編纂委員会

はしがき

ユニティ協会の教えと生長《せいちょう》の家《いえ》の教えとは頗《すこぶ》る共通的なものがあるのである。生長の家は世界のあらゆる宗教が一つの真理に帰一《きいつ》することを説くと同時に、その真理の実践《じっせん》によって、実際生活のあらゆる方面に希望の実現を説くのであるが、ユニティはあらゆるキリスト教派、宗派は悉《ことごと》く、一つのイエスの説いた真理に帰一すると云《い》うので、キリスト教の範囲内での万教帰一的《ばんきょうきいってき》、無宗派運動《むしゅうはうんどう》で、希望の実現に、真理の黙念《もくねん》又は「祈りの言葉」を用いることも頗《すこぶ》る似ている。ここに幸いユニティ協会と互いに協力することが出来て、同協会発行の諸誌《しょし》から自由に取材することの承認を得たことを喜ぶものである。本書は最近数年にわたるユニティの教誌《きょうし》の中から日本に適すると思われる記事より取材して、生長の家とユニティの説く真理との一致点を見い出し、それを他山《たざん》の石《いし》として生活を光明化《こうみょうか》する真理を、日本人に適《てき》するように説いたもので、本書には特に「希望の実現」に必要なる鍵となるものを選んで一冊にしたのである。

日本版初版は一九五二年二月に出たが、爾来《じらい》、隠れたるロングセラーとして今日《こんにち》に至るも読者が絶《た》えないので、今回、装幀《そうてい》を改めて「人生の鍵シリーズ」の第二巻として世に問うことにしたのである。幸いに尚一層多くの読者が本書によって、生活を改善《かいぜん》し、正しき信仰に基《もとづ》いて各々《おのおの》の希望を実現し得《え》らるれば、編著者《へんちょしゃ》の欣《よろこ》びとするものである。

昭和四十一年八月十日

編著者《へんちょしゃ》 識《しるす》

希望実現の鍵　目次

編者はしがき
はしがき
第一章　信仰《しんこう》と希望
一、紛失物《ふんしつぶつ》を発見するための祈り　14
二、祈りの成就《じょうじゅ》する第一段階　18
三、更《さら》に機会の第二段階来たる　21
四、ジャック・アダムスの体験　23
五、自分自身にブレーキを掛けてはならぬ　26
六、思念《しねん》は深き祈りである　27
第二章　女性の祈り
一、既に与えられたるもの　34
二、雨を祈る　40

第三章　幸福生活の根本問題
一、真理は何のために求めるか　48
二、人間は本来幸福でなければならぬ　49
三、人間に何故《なぜ》不幸が来るか　50
四、善き想念《そうねん》のみを放送せよ　54
五、破壊的な想念《そうねん》を避《さ》けよ　55
第四章　信仰《しんこう》が実現する時期と条件
一、何故《なぜ》彼の祈りは実現せぬか　60
二、種子《たね》を植えた後如何《あといか》にすべきか　61
三、信仰の実現には時間を要する　63
四、直《す》ぐ実現する信仰は既に成長せる信仰の樹《き》である　64
五、真理を聴《き》いたら実践《じっせん》せよ　66

第五章　法則と自由意志《じゆういし》

一、何故《なぜ》、信仰《しんこう》深き人で病弱《びょうじゃく》な人があるか　70
二、人間の不幸は法則と調和しないから起る　73
三、しからば幸福を得《う》るために何を為《な》すべきか　75
四、本当の祈りは我《が》を捨てることである　77
五、祈りがきかれない場合にはこうせよ　79
六、自己処罰《じこしょばつ》の念と暗い心を捨てよ　82

第六章　無抵抗の真理の持つ力

一、人間は強制《きょうせい》してはならない　86
二、ハリイ・チェーズの生涯《しょうがい》　88
三、周囲の嫉妬《しっと》で四面楚歌《しめんそか》に陥《おちい》る　89
四、無抵抗の力ついに周囲を征服《せいふく》す　90

五、突如として解雇《かいこ》されても　92
六、それでも彼は感謝《かんしゃ》して受けた　94
七、悪いことが来るのは良くなる始めである　96
八、此《こ》の二つの例話《れいわ》の教える教訓《きょうくん》　97

第七章　生命の河《かわ》の四つの寓話《ぐうわ》

一、小川と狐《きつね》と鳥との寓話　100
二、博士《はくし》と大臣との対話の寓話　103
三、紙と人間とライオンの寓話　106
四、無形のものには価《あた》いを払わねばならぬ　108
五、祈りの聴《き》く、きかれぬについて　110
六、単に赦《ゆる》すだけでは足らぬ、感謝《かんしゃ》しなければならぬ　113

第八章　神から叡智《えいち》を受けて行動せよ
一、神の電源に直結せよ　118
二、実践《じっせん》を通して信仰《しんこう》も能力も伸びる　120
三、行動は自覚の深まるに従ってあらわれる　122
四、実践は自覚を深め、自覚は実践を促《うなが》す　123
第九章　先ず心に光を点《てん》ぜよ
一、自分の心は神の愛の王座《おうざ》である　126
二、神の国は汝《なんじ》の中《うち》にある　128
三、神の国の構成要素　129
四、神の国を自覚した者に思い煩《わずら》いはない　131
五、他を祝福する者が祝福せられる　133

第十章　光を点《とも》して持続せよ
一、人は自分の置いた位置の椅子《いす》に躓《つまず》くのである　138
二、暗黒の中で歩いてはならぬ　140
三、信仰《しんこう》は持続しなければならぬ　142
第十一章　内在《ないざい》の宝を発掘《はっくつ》するには
一、自己に埋蔵《まいぞう》されたる宝　146
二、正しき判断をなすには　149
三、神に反したことをしてはならない　150
四、神の智慧《ちえ》と一つになって生活するには　152
第十二章　聖書にあらわれたる繁栄《はんえい》の原則
一、供給《きょうきゅう》の本源《ほんげん》は何処《どこ》にあるか　156

二、先ず父の御許《みもと》にかえれ　160
三、与えれば与えられる　162
四、地に接触《せっしょく》して実践《じっせん》せよ　164
五、富を物質《ぶっしつ》と見てはならない　166

第十三章　想像力《そうぞうりょく》で運命を改造するには

一、人間は想像の自由を与えられている　170
二、彼女は想像に描いた通りに富むことができた　172
三、偉大なる想像力　173
四、悪は実在界《じつざいかい》には存在《そんざい》しない　175
五、如何《いか》なる治癒《ちゆ》も想像力《そうぞうりょく》からである　177
六、子供に病気の不安恐怖《きょうふ》を与えてはならない　178
七、健康のために思念《しねん》する言葉その他　179

八、思念をする場合の言葉　181
第十四章　嫁《よめ》と姑《しゅうとめ》とはこうして調和する
一、自分の乗っている車の故障《こしょう》は分りにくい　186
二、人の忠告は素直にきくがよい　189
三、一人息子が結婚した場合　190
四、環境《かんきょう》も肉体も自分の心の影　194
第十五章　実相《じっそう》を観《み》る眼《め》について
列王紀略下《れつおうきりゃくげ》第四章の解釈　202
祈りの言葉・思念の言葉・真理の言葉
総索引

凡例

一、本書は昭和四十一年九月十日発行の改装初版『希望實現の鍵』(人生の鍵シリーズ2)を底本とした。

一、底本は正漢字・歴史的仮名遣いであるが、本書では、一部例外を除き、常用漢字・現代仮名遣いに改めた。振り仮名に関しても、一部例外を除き、現代仮名遣いに改めた。

一、現在、代名詞、接続詞、助詞等で使用する場合、ほとんど用いられない漢字は平仮名に改めた。

一、本文中、誤植の疑いがある箇所は、他の聖典等を参照し、適宜改めた。

一、本文中、意味や内容に関して註釈が必要と思われる箇所は註として括弧を入れた。

第一章　信仰《しんこう》と希望

一、紛失物《ふんしつぶつ》を発見するための祈り

「吾《われ》は神と一体である。吾《わ》が聖《せい》なる神の一大光源《いちだいこうげん》より発するところの火花《ひばな》である。吾《われ》は神と本質を同じうするのである。吾《われ》は神の子である。吾《われ》は神の世継《よつ》ぎである。吾《われ》は神とはなれたる存在《そんざい》ではないのである。神がある如《ごと》くに自分もあるのであり、神がもち給《たま》える一切を又自分ももつのである。諸君は自己を有限とみるか、否《いな》自分を無限とみるのである。吾《われ》は決して制限というものをみないのである。」

これは、ガードナー・ハンテング氏(Gardner Hunting)の著述《ちょじゅつ》『神と偕《とも》に働きて』(Working with God)の中に書かれている思念《しねん》の言葉であるのである。こういう信念をもつようになったハンテング氏は如何《いか》にしてかかる信念を獲得《かくとく》したのであろうか、私は今それを同氏自身の文章に基《もと》いて紹介してみようと思うのであります。

ハンテング氏はまだ幼い頃、父母から祈りというものは、必ずきかれるものであるということを教えられてそれを信ずるようになっていたのである。氏がまだ九歳の頃《ころ》であった、金物屑《かなものくず》を入れた箱を好奇心《こうきしん》でひっくりかえして何かよい玩具《がんぐ》になるものがあるかと探《さが》し廻《まわ》っていた時に、ふと出て来たのは一個の南京錠《なんきんじょう》であった。その錠前《じょうまえ》は鍵《かぎ》がかかったまま閉《と》じられていて、開くことができなかった。思いだしてみるとその南京錠は一年も前に自分が好きなおもちゃの一つとして楽しんでいたものであった。鍵がかかったまま開かないので、一年前と同じように鍵で開いてみようと思ったが、鍵がみつからないのでした。さて、鍵はどこへ行ったのだろうと、その金物屑の箱をもう一度ひっくり返して探《さが》してみたが鍵はどうしてもみつからない。一年前にはたしかにその鍵をもって遊んだ覚えがあるのに、一体あれはどこへやったのだろう。何しろ九歳の子供が一年前に置き忘れたおもちゃを探し出そうというのであるからちょっと思い出せないのも無理はないのであります。おもちゃ箱の中をあれやこれやと探してみたが、漠然《ばくぜん》と探すだけではみつかりっこがないのは無理もないことでした。その時、子供ながらにも神のことを思いだしたのでした。

彼の父というのはキリスト教会の牧師《ぼくし》をやっていたのであって、この宇宙は神さまが造ったのであり、その神さまの力によって維持《いじ》されているのだと信じていました。彼の父はイエスが「求めよ、さらば与えられん」といった聖句《せいく》を割引《わりび》きなしに信じているようなすなおな心の人でした。自然その信仰《しんこう》深い父の小さな子供である彼は、彼の父が天に於《お》ける父を信じているように、自分の父を信じ、自分の父の信じているその神さまをも信ずるようになっていたのでした。いわば門前《もんぜん》の小僧経《こぞうきょう》をよむというような状態であったのでした。

そこで彼はじっと坐《すわ》って祈りました。「どうぞあの錠前《じょうまえ》の鍵を見つけさせて下さい」合掌《がっしょう》している彼の心持《こころもち》はそれ程確信《かくしん》にみちたものでもなかったのです。半ば疑《なか》いつつ半ば好奇心《こうきしん》で、ひょっとしたらこの祈りは叶《かな》えられるかも知れないというような、僭越《せんえつ》な、しかし、もしかしたら、こんなことを祈って神さまから叱《しか》られるかも知れないと云《い》うような幾分《いくぶん》びくびくした思いで祈ったのでした。しかしどこか心の奥底には「求めよさらば与えられん」の聖書の言葉がこびりついていて、きっとこの望みは叶《かな》えられるに違いないだろうという気もするのでした。

彼が祈っていると、突然、彼の心の中に何と形容《けいよう》していいかわけのわからない衝動《しょうどう》がこみあげてくるように起って来たのでした。インスピレーションというべきか。虫の知らせというべきか。ある不思議《ふしぎ》な衝動にかられるというべきか。何と名状《めいじょう》していいかそれは全《まった》くわからないものでありましたが何だか妙《みょう》な感じで、たとえば暗《くら》がりの中で歩いている時、自然と手をのばしたくなるように、妙にむずむずと動きたくなって彼は部屋《へや》の中の洋服箪笥《ようふくだんす》の所へ歩いて行きました。そして、その扉を開くと、そこに自分が去年はいたことのあるズボンがかかっていました。そして彼はそのズボンのポケットに思わず手をさしいれたのです。と、柔《やわら》かい紙屑《かみくず》のかたまりのようなものがある。その奥に何だか固いものが指にふれるのです。それを指の先でつまんでひっぱりだしてみると、それは今祈り求めていたところの鍵《かぎ》であったのです。彼はその時全身に何とも云《い》えない信仰《しんこう》の荘厳《そうごん》さというようなスリルが走ったように感じました。彼はその鍵をもって錠前《じょうまえ》の所へ帰って行きました。そして鍵孔《かぎあな》へそれを突っこんで廻《まわ》してみると、ぴったりそれが鍵孔《かぎあな》に合うのです。そしてその錠《じょう》はぱちりと開きました。祈りはきかれたのでした。これが彼の最初の奇蹟《きせき》の体験だったのでした。

二、祈りの成就《じょうじゅ》する第一段階

このような幼年時代の体験によって養われたハンテング氏はだんだん信仰《しんこう》深き少年となって成長致《いた》しました。成長するにつれて彼は小説家になろうと志《こころざ》すようになりました。作家になるといっても、小説というものは、そんなに無名《むめい》の人が書いたからといって売れるものでもない。又経験の少ない白面《はくめん》の青年が書いても人の心にタッチするものでもありません。彼は色々の職業に従事《じゅうじ》しながら僅《わず》かの給料を得ながら、書いては祈り、書いては祈り致しました。「どうぞ立派な作品を書くことができますように」この祈りが毎日続くのでした。ところがその祈りは中々叶《なかなかかな》えられないように見えるのでした。

或《あ》る日一人の友人が彼を訪《おとず》れて「君は新聞社の通信員《つうしんいん》になってみたらどうだね。今なら口があるんだが」というのでした。その時始めて彼はまたそれが祈りに対する神さまのお導きであるということを知ったのでした。今まで彼はそんな職業など得ようと思ってもみたことはなかったのでした。彼は小説を書きたいのであって、報道員《ほうどういん》として実際の事実を書きたいなどとは思っても見なかったのでした。ところが小説は如何《いか》に空想的《くうそうてき》産物《さんぶつ》であるにしても、実際の人間社会に於《お》ける色々の階級の人たちの生活、種々の性格の人間、無限の生活の断面《だんめん》、そういう深い人間生活に対する根拠《こんきょ》ある観察《かんさつ》がなければ真に立派な小説というものは書けるものではないのでした。ところが彼は予想もしないところから彼が小説を書くための準備をして、これらの色々の人生の断面を知らしてくれるところの適当な仕事を恵まれたのでした。しかも何という不思議《ふしぎ》な一致《いっち》でしょう。その新聞社の重役《じゅうやく》になっている二人の人が、実は彼が生れた町から発行されていた新聞の支配人を以前にしていた男で彼の父をよく知っていたのでした。その中の一人は彼が少年時代その新聞を配達していた時分に知っていたというので、新しい新聞社員となっても、旧知《きゅうち》の中へ入って行ったような心安《こころやす》さでした。

彼はここで五年間みっちり通信員《つうしんいん》としての仕事に精励《せいれい》して、社会の色々の生活面や、政治や、経済や、議会や、教会や、あらゆる場面に出入《でいり》することが出来ました。更《さら》に火災や、洪水《こうずい》や、自動車事故や、スポーツ等《とう》の問題にも直接現場を目撃《もくげき》することによってどんな場面でも描写《びょうしゃ》出来ると云《い》うような体験を得《う》ることができました。そして彼は何《な》故《ぜ》人間が幸福になるか、不幸になるかという問題を知ることができたのでした。その間にも彼は小説を書いては破り書いては破り、善《よ》き小説ができるように希望して祈りつづけていたのでした。誠実と、平明《へいめい》と、簡明《かんめい》と、直截《ちょくさい》とがよき著述《ちょじゅつ》にはなくてならぬ必《ひっ》須《す》の要素であるということを彼は学びました。彼はやがて社会面の、そして電報通信面の編輯《へんしゅう》主任になりました。その中《うち》にその新聞の広告部の青年支配人と親密に交際するようになった。この青年広告部長は彼よりも高給《こうきゅう》をとっていたが、彼はこの友人よりして広告業《こうこくぎょう》というものに対する興味を吹き込まれたのでした。そしてこの男はニューヨークのある広告代理業者の社員として新しい位置を獲得《かくとく》して栄転《えいてん》した。ハンテング氏はこの男にふき込まれた広告に対する興味から広告業をやって見ようと思いました。

三、更《さら》に機会の第二段階来たる

ある日、彼はグレート・ノーザン・レールロード会社が二十五ドルの懸賞金《けんしょうきん》をかけてカリフォルニア州のサンキストの住宅地帯へ移住者を吸収するために使うポスターの文案《ぶんあん》の懸賞募集《けんしょうぼしゅう》が出ているのを見つけたのであります。彼はこれは「機会」だと思いました。彼は五年間新聞社の通信部員《つうしんぶいん》として多少文章にも熟達《じゅくたつ》して来てはいましたが、さて、その広告文を書いてみようと思うと何を書いていいかわからないのです。彼はミシガン州の森林地帯の奥地と同様、カリフォルニア州のことをからきし知らないのだということに気がつきました。色々参考書を抜いてみては広告文を書いてみるのですがさっぱり書けそうにもないのです。ともかくカリフォルニアは果実と花の国だとはわかるのではありますが、直接に見たことのない世界であるので全《まった》く自信を以《もっ》てそれを書くことができないのでした。

彼は祈りました。「その広告文を書くのに適当な構想《こうそう》を与え給《たま》え」と祈りました。そして或《あ》る晩祈りながら寝《しん》についたのであります。朝になると、目がさめたが、別に何《なん》等《ら》の構想も浮んで来ませんでした。しかし彼は靴《くつ》の紐《ひも》を結ぼうとしてうつむいたその瞬間、はっと血が頭にのぼってくるような感じがしました。その時インスピレーションが入って来たのです。彼はカリフォルニアの豊かなる日光と爛漫《らんまん》たる花の美しさとについては直接何も知りませんでしたが、そこは生活費の安い暮し向きの好い所ということに気がつきました。生活費と生活条件のことについては切実に自分にも体験があるのでした。誰《たれ》でも暮し安い生活費の安い所へ行きたがっている、人類はそれを求めているのだ、その求めに対して呼びかけるのだ。

彼は机の前に走りよって広告文を書き始めました。そしてまず表題《ひょうだい》に大きく「好機《こうき》会《かい》」と書きました。そして「オレンジの香り豊かに、薔薇《ばら》の花咲く美しき沃地《よくち》に諸君の好機会来《き》たる。この好機会をとらえよ。そこは生活費安く地上の天国である」というようなことを書きました。その広告文は一等を得《え》て遂《つい》に彼はシカゴ広告代理業者《こうこくだいりぎょうしゃ》の枢要《すうよう》な地位を獲得《かくとく》することになったのでした。もっとも氏は今や広告文の起草者《きそうしゃ》としてよりも、「真理」の文献《ぶんけん》の著者《ちょしゃ》として有名になっているのでありまして、彼の真理の著述《ちょじゅつ》によって救われた人達は随分《ずいぶん》多いのであります。その救われた人たちのうちの一人の体験を私は次に述べたいと思うのであります。

四、ジャック・アダムスの体験

これもアメリカの話でありますが、ジャック・アダムスと呼ばれている人がありました。彼は著述家《ちょじゅつか》で、一流とは行かないが、二流の雑誌にものを書いてその原稿は広く読者から喜ばれていたのであります。彼の友人としての著作家仲間《ちょさくかなかま》には少なくとも一ダース位《くらい》の有名作家があってそれが第一流の雑誌に書く独占権《どくせんけん》をもっていて、彼は如何《いか》にどんなに努力してみてもその一流雑誌に割り込むことができないのでした。友達の多くの人も「そんなことを試みても駄目《だめ》だよ。いい加減《かげん》に思い切り給《たま》え。とてもそれは駄目なんだから」といってくれるのでした。

　しかし、ジャック・アダムスは友人のその勧告《かんこく》を一応はそれに違いないと思うのでしたが、全然はそれに承服《しょうふく》することはできないのでした。彼は心の奥底に自身の能力に対する信念をもっていました。又原稿を返して来た時の雑誌社からの挨拶状《あいさつじょう》に「まことに遺憾《いかん》ですが、もう一歩の所です、努力を継続《けいぞく》せられんことを乞《こ》う」というような文章をよんだ時に一縷《いちる》の希望をもたずにはいられないのでした。しかしどうしてもその第二流の寄稿家《きこうか》から第一流への飛躍《ひやく》をはばむところの何かが、自分を後《あと》からひっぱるような何かがあることが感じられるのでした。それが何であるかよくわからないその難関《なんかん》を突破するには如何《いか》にすればいいかと彼は考えに沈むのでした。ちょうどその頃、彼は、実行的キリスト教的信仰《しんこう》として知られている「生長《せいちょう》の家《いえ》」と同じようなユニティの真理の書物にふれたのでした。それは先に述べたハンテング氏の『神と偕《とも》に働きて』と題する書物でした。如何《いか》にすればこの難関《なんかん》を突破することができるかを悩んでいたその最中に、彼はこの書を開くと、この話の冒頭《ぼうとう》に書いた次の文章にふれたのです。

「吾《われ》は神と一体である。吾《われ》は聖なる神の一大光源《いちだいこうげん》より発するところの火花《ひばな》である。吾《われ》は神と本質を同じうするものである。吾《われ》は神の世継《よつ》ぎである。吾《われ》は神と離れたる存在《そんざい》ではないのである。神がある如《ごと》く自分もあるのであり、神のもち給《たま》える一切を自分も亦《また》もつのである。諸君は自己を有限とみるか。否《いな》、自分は自分を無限とみるのである。吾《われ》は決して制限というものをみないのである」

この言葉がジャック・アダムスの胸を恰《あた》かも稲妻《いなづま》のように閃《ひらめ》くように刺《さ》しつらぬいた。「吾《われ》は決して制限というものをみないのである」そうだどこに制限があろう。問題はたちまち氷解《ひょうかい》したのである。自分が自分で自分に「制約《せいやく》」を置いていたのだ。無い障碍物《しょうがいぶつ》を作っていたのだと気がついたのでした。今まで彼は一所懸命《いっしょけんめい》目的を達成しようと努力しながらも、心の奥底ではこの目的はきっと達成できるものだとは信じていなかったということに気がついたのでした。

五、自分自身にブレーキを掛けてはならぬ

これに気がついた時、ジャック・アダムスは愕然《がくぜん》としました。まず心の中の障礙《しょうがい》を破壊しなければならないということに気がついたのです。心の中の障礙《しょうがい》はちょうどブレーキをかけながら自動車を走らせているのと同じことなのです。彼は笑いだしました。「自分はブレーキをかけながら走っていたのだ。」彼はこの心の中のブレーキをとり去るために毎日神想観《しんそうかん》(註・編著者が啓示によって与えられた観法)して、次のように黙念《もくねん》することを始めたのでした。それはハンテング氏の先の文章から思いついたのでした。

「吾《われ》は神から分離《ぶんり》したものではないのである。吾《われ》は神と一体である。神は自分の協力者であって自分は彼と共に、吾《わ》が使命づけられた仕事をなすのである。神がある通りに自分があるのである。神がもち給《たま》う通りに自分も亦《また》もつのである。吾《われ》は能力を有するのであり、完全なる成功は今ここにあるのである。」

ジャック・アダムスは毎朝夕《まいあさゆう》これを念ずることにしました。このような「真理」を真に心の奥底深く念ずることができるものには必ずそれが外的生活《がいてきせいかつ》に具象化《ぐしょうか》せずにはいられないのであります。今やジャック・アダムスは米国一流の雑誌に対しての有名なる寄《き》稿家《こうか》となっているのであります。

六、思念《しねん》は深き祈りである

上記のような「思念の言葉」がどうしてかくの如《ごと》き奇蹟《きせき》を演ずることができるのであ

ろうか、その文字の並び方に呪文的効果《じゅもんてきこうか》があるのではないのであります。それが効果があるのは人間の実相《じっそう》を端的《たんてき》に表現した言葉であるからであります。真理は常に真理なのであります。実相はどんな時にも消えるものではない。AK（註・放送局に割り当てられたコールサイン。JOAKはNHK東京放送局のコールサイン）の放送がある限りAKの放送の波は存在《そんざい》するのと同じであります。神の造り給《たま》える「無限力の人間」の実相は、神が存在する限り消えないのでありますけれども、ただそれに吾々《われわれ》が波長を合わさないがために現象界《げんしょうかい》に現われて来ないのであります。人間の完全なる実相を述べるところの「真理の言葉」の思念《しねん》は結局この人間の完全なる実相に波長を合わせてそれを現実化せしむる力となるのであります。

ジャック・アダムスの真理の思念の言葉に於《お》いて、「神——即ち世界で最も有力なる作家——と共に協同著述《きょうどうちょじゅつ》しつつあるのだ」という思念が、今まで彼の実相を蔽《おお》いかくしていた恐怖心《きょうふしん》をとり去ってしまい、彼自身に宿る完全なる能力を発現《はつげん》せしむるに到《いた》ったのは注目すべき点であります。

されば読者よ。自己を信ぜよ。「自分は神の子である」「神と偕《とも》に常に我《われ》はあるゆえあらゆることは可能なのである」これは人間の実相《じっそう》についての最も端的《たんてき》なる表現でありま す。多くの人達が自分自身の実相の無限能力を自覚しないがために、いたずらに自分の能力を自分自身の迷いで限るがために、あたら有為《ゆうい》の能力を無為《むい》に終らせつつあるのはまことに残念なことなのであります。吾々《われわれ》の生命は神から出《い》でたものなのであります。神のすべての智慧《ちえ》、神のすべての愛、神のすべての力は、今、現に今、わがものなのであります。失敗して悲観《ひかん》している神さまを諸君は見たことがありますか。そんなことはありますまい。神と一体であり、神の生命を生き、神の力を生き、神の智慧《ちえ》を生きているところの諸君には如何《いか》なる失敗もあり得ないのです。まず心の障礙《しょうがい》をとり除いて自分の能力にブレーキをかけることをやめよ。これが成功の第一条件であります。まず自己自身を神の子であると信ぜよ。その信念を実行せよ。神は完全なる自由であって何ものにも縛《しば》られる事はないのである。どんな制約をも受けることなく自由自在なのであります。神と一体なるところの自分が何でもできるということを信じてまず実践《じっせん》することが必要です。実践《じっせん》が信念を更《さら》に呼びおこし、信念は更《さら》に有力なる実践をよびおこすのであります。吾々《われわれ》は全智全能《ぜんちぜんのう》の神という語《ご》を単なる空語《くうご》であると思ってはならないのです。

もし吾々《われわれ》が、自分自身で一歩を譲《ゆず》って、いい加減《かげん》の成功だけを心に描いておりましたら、いい加減なところでとどまるしか仕方《しかた》がないのであります。よろしく希望は大《だい》ならざるべからず。常に尚一《なおいっ》そう大いなる幻《まぼろし》を描くことこそ必要であります。信仰《しんこう》には地平線がない。諸君よ、地平の彼方《かなた》に無限に続く宇宙的な夢を描きたまえ。そこからその夢が実現するのであります。

もしあなたの心の中に、自分はまだ駄目《だめ》だ。自分はまだ若いのだ。自分の能力は足りない。経験が浅い。資本が無いなどと悲観的《ひかんてき》な考えが起ってまいりましたら、早速《さっそく》そんな消極的な考えを打ち消してしまって次のように念ずるといいのであります。

「吾《われ》は神の子である。宇宙の無限大の創造力《そうぞうりょく》と一体である。神の無限大の創造力が自分を通して表現しようと欲《ほっ》していられるのである。自分の表現する力は無限である。神から無限に智慧《ちえ》も能力も資本も流れ入《い》って来て自分を通して実現するのである。」

過去に、そんな問題に成功したことがないから自分も亦駄目《まただめ》だろうと思うことを止《や》めよ。神は常に新しきものを表現し給《たま》うのである。神は前の人と同じものを造り給《たま》うことは決してないのである。先人《せんじん》が失敗したからといって自分が失敗する所以《ゆえん》はないのであります。競争者がどんなにあろうとも、神の表現としての人間がそれ自身の特徴《とくちょう》ある独特の価値ある表現がなされないということはないのであります。信仰《しんこう》は力でありますす。ハンテング氏のように、また諸君のように、何らかの機会にこんな書物《しょもつ》に触れ、信《しん》仰生活《こうせいかつ》を送るようになったものは恵まれたるかなであります。

第二章　女性の祈り

一、既に与えられたるもの

赤ん坊が生れた。彼女はその赤ん坊が可愛《かわ》いかった。赤ん坊に乳母車《うばぐるま》を欲《ほ》しいと思ったのである。彼女は、しかし、貧しかった。新しく乳母車を買おうと思えば、十ドルから十二ドルぐらいは出さなければならないんだもの……。

或《あ》る日曜日の夜、彼女は新聞の小説を読んでいた。そしてふとその下の三行広告に眼《め》がついた。「売物《うりもの》」と書いてその下に「乳母車」の二字が眼についたのである。「その広《こう》告主《こくぬし》に電話をかけて見よう」と思った。「駄目《だめ》かな？」しかし彼女はともかくも電話口《でんわぐち》に立った。

電話口で、その売主《うりぬし》はまだその乳母車が手許《てもと》にあるというのである。彼女は乳母車の色や、構造や、色々の特徴《とくちょう》を詳《くわ》しくきいて見た。願ってもない素晴《すば》らしい買物なのだ。

売主《うりぬし》は「家の都合《つごう》でそれを庭に置くと狭くて困っているので、出来るだけ早くそれを売ってしまいたいと思って、非常に安い値段がつけてあるのです。」と云《い》った。新品のように立派で、どこにも故障《こしょう》がない。すぐ取りに来てくれれば僅《わず》か五ドルで手放そうと云《い》うのである。

五ドル！　それなら今すぐにも持合《もちあわ》せがあるのである。いつも彼女の良人《おっと》は月末の二十九日には給料を貰《もら》って来るのであったが、その日が土曜日だったので、月曜日の三十一日が支給日《しきゅうび》になっていた。しかし好《よ》い塩梅《あんばい》にその月の生計費《せいけいひ》の中からそれだけの金は節約されていたのである。が、良人《おっと》はまだ帰って来ないので、赤ん坊があることだし、その乳母車《うばぐるま》を直《す》ぐ受取《うけと》りに行くことが出来ない。何とか良人《おっと》が帰るまで数時間待ってくれないかと云《い》うと、その広告主《こうこくぬし》は、「貴女《あなた》がお出《い》でになるまでに、真《しん》に欲《ほ》しくて受《う》取《と》りに来る人があるならその人に渡すが、もしそれまでに他《ほか》に買い手がなかったら貴女《あなた》のお出《い》でを待ちましょう。」と云《い》うのだった。

広告主《こうこくぬし》の住所はきいたが、聞いたこともない地名だった。ここからどれ程《ほど》の距離があるかと云《い》うと、四マイル（註・距離の単位。一マイルは一六〇九メートル）以上もあると云《い》う。なかなか大変な距離だと思っていると、向うからもこちらの町名をきく、町名を云《い》うには云《い》ったが、「二つの通りの間のほんの角《かど》のところです」と云《い》って、何番の通りと云《い》うのをつい急いで忘れてしまった。そして彼女は、

「もう一度五時になったら電話します。そしてもし、その時まで乳母車《うばぐるま》が売れていませんでしたら、頂きにまいります。」と云《い》って電話をきった。

　それから彼女は神様に祈った。——

「神様、もしその乳母車が私に与えられたものでしたら、どうぞ私の手に入りますように。あなたは私に乳母車が必要だと云《い》うことを知っていらっしゃいます。あの乳母車を受取《うけと》りにやらせる人が私には見つかりません。もし私の願いが正しうございましたら、あの乳母車を手に入れる方法を貴方《あなた》は知っていらっしゃいます。神様、私はあなたにすべてをお委《まか》せ致《いた》します。」

この祈りは誠に典型的《てんけいてき》な祈りである。だから私は祈りの典型的な実例としてここに引

用したのである。この祈りの「乳母車《うばぐるま》」と云《い》う名称《めいしょう》を、他《ほか》のどんな物の名称に、書籍《しょせき》であろうと、衣服《いふく》であろうと、装身具《そうしんぐ》であろうと、また「恋人」であろうと、それに置きかえて祈れば好《よ》いのである。その祈りになくてはならない要領《ようりょう》はすなわち次の五つである。

＊

一、もしそれが私に与えられたものでしたら、
二、あなたはそれが必要だと云《い》うことを知っていらっしゃいます。
三、もし私の願いが正しうございましたら、
四、あなたはそれを私のものとする方法を知っていらっしゃいます。
五、あなたに全《すべ》てをお委《まか》せ致《いた》します。

＊

彼女はそう祈ってから、赤ん坊の世話で眠りの足りなかった自分が眠りを催《もよお》して来たことを感じた。そして、つづいてこう祈った。

「神様、ちょっと眠《やす》ませて頂きますから、その間《あいだ》赤ん坊も眠《ねむ》らせて下さいますように。」

彼女は、その乳母車《うばぐるま》の広告、その乳母車、そしてその持主《もちぬし》にお礼を云《い》おうと思った。

「広告様、ありがとうございます。乳母車様ありがとうございます。その持主様、ありがとうございます。」

彼女はこう念じながら眼《め》をとじて眠《ねむ》ろうとした。すると、赤ん坊が眼をさまして泣き出した。

彼女は起き上った。

「神様が今は起きておれと被仰《おっしゃ》るから、またあとで眠《やす》みましょう。」と彼女はつぶやいて、赤ん坊にオレンジ・ジュースを作ってやろうと思って台所へ出て往《い》った。

その台所は通りに面していた。家の前に一台の自動車が停《とま》っているのである。門はしまっているし、電鈴《ベル》に故障《こしょう》が起っていて、その時赤ん坊が目を覚まして、彼女が台所へ出かけなかったならば、折角《せっかく》、その自動車が門前に訪《おと》ずれて、呼鈴《よびりん》を押していても知る由《よし》もなかったのである。

彼女は台所からのぞいて見た。

一人の紳士《しんし》が自動車から降りてドアのベルを押していた。

「何か御用でございますか。」と彼女は云《い》った。

「奥さんじゃございませんか、乳母車《うばぐるま》のことで、私に電話を下さいましたのは？」

「ええ、私ですけれども。」と彼女は云《い》った。

「お宅は何処《どこ》だか、私には見当がつかなかったのですけれども、電話でおききした奥様の語調《ごちょう》がとても真剣で、是非《ぜひ》ともあの乳母車が欲《ほ》しいと、被仰《おっしゃ》るように私には受取《うけと》れましたので、私は、自分であの乳母車をもって往《い》ってあげたら、どんなにお喜びになるかも知れないと思って、自分で持って上《あが》ったのです。」と彼は云《い》った。

祈りはきかれたのであった。最後に、広告文と広告主《こうこくぬし》とその乳母車とに感謝《かんしゃ》したことが祈りを成就《じょうじゅ》せしめた最後の最大の条件になっているのである。

もしその時、赤ん坊が眼をさまさなかったら、眼をさましても、それを神の啓示《けいじ》として素直に台所へ行かないで、腹を立てて赤ん坊に大声で何か云《い》っていたならば、折角《せっかく》の天《てん》の使《つかい》が乳母車《うばぐるま》を持って来てくれていても、帰ってしまっていたに相違《そうい》ないのである。祈ったあとに何事が起って来ても、それを神の導きとして感謝《かんしゃ》するところに、その祈りが成就《じょうじゅ》するのである。

二、雨を祈る

それは何時《いつ》の年かの五月のこと、印度人《インドじん》の多く住んでいるアメリカの一地方の出来事である。或《あ》る日曜学校の集りで旧約聖書《きゅうやくせいしょ》の講義が行われた。エリヤ（註・「旧約聖書」に登場するユダヤの預言者）が犠牲《いけにえ》を燔《や》くための火を神にいのると、火が空から降って来た話や、雨をもとめると雨が降って来た話などをミス・ベーカー先生が講義したのであった。教壇《きょうだん》には、エリヤの祈りの絵などが掛けてあって、いかにもその物語の真実性《しんじつせい》を立証《りっしょう》するかのように見えた。

聖書の講義が終ると、丈《たけ》の高いティートンと云《い》う老印度人《インドじん》が立ち上《あが》った。彼は別に印《イン》度《ド》人なかまのリーダーと云《い》うのではない。どちらかと云《い》うと彼は単純な男だと思われていたのである。

「ミス・ベーカー、その話は本当ですか。」と彼はたずねた。非常に真剣な調子であった。

「ええ、そりゃ神様の書にかいてあるのですからね、全《まっ》く本当の話ですよ。」

「どれほど以前のことですか。」

「随分《ずいぶん》むかしの話です。」

「先生は、この前の日曜に、神様は昨日《きのう》も今日《きょう》も、そして永遠に同一だと被仰《おっしゃ》いましたね。」

「そうです。神様は永遠の存在《そんざい》ですから、人間のように始終《しじゅう》変ると云《い》うことはありません。神様は昨日《きのう》も今日《きょう》も永遠に同じなのです。」

この時、老印度人《インドじん》はその長い腕をのばして、その黒い指で東の方の窓を指さすかと思うと、グルリと振り返って西の方を指さした。どちらの窓からも、ただ見えるのは荒《こう》涼《りょう》として沙漠《さばく》のようにつづいている灰色の畑地《はたち》だった。種が播《ま》かれてから一度も雨がふらないので、一本の小麦も発芽《はつが》していないのだった。

「雨が全然降らん。」と老ティートンは云《い》った。

「小麦が出来んで、吾々《われわれ》は餓《う》えねばならん。畑という畑は一本も芽が出とらん。エリヤは雨を祈ったら雨が降った。先生、今日《きょう》、吾々《われわれ》のために雨が降るように祈って下さい。」

ミス・ベーカー先生はエリヤではなかった。彼女は当り前の婦人であった。早速、群《ぐん》衆《しゅう》の前で雨を祈る勇気がなかった。ちょっとためらって、誰《たれ》かに助けを求めるかのように後方《こうほう》を振向《ふりむ》くと、若い同僚《どうりょう》がいたのである。

「どうしましょう。」と、彼女は困ったと云《い》う調子で低声《こごえ》で云《い》った。

「進んでおやりなさいよ。」と若い同僚は云《い》った。神が貴女《あなた》の信仰《しんこう》を試み給《たま》うのだ、それを拒《こば》んではならない——と云《い》う風にその声はきこえて来た。

ミス・ベーカーは勇気を取り戻したのである。そして静かに老印度人《インドじん》の方を向いて、

「吾々《われわれ》は神様に雨を与えて下さいと祈りましょう。しかし神様は必ずしも早速その祈りに答えて下さるとは約束してはいらっしゃいません。神様の御意《みこころ》にある適当な時を待たねばなりません。エリヤも七回祈りました。祈りが成就《じょうじゅ》するには時が要《い》るのです。では皆様御一緒にいのりましょう。」

彼女は跪《ひざまず》いた。そして云《い》った。「神様。あなたは吾々《われわれ》の救いのために神の一人子《ひとりご》をさえおつかわし下さいました。あなたは今も昔も同じようにあられますから、今もエリヤに雨を与えたまうたように、吾々《われわれ》に雨を与えたまうことができるのです。どうぞ此《こ》の可《か》哀相《わいそう》な印度人《インドじん》に雨を与えたまうて、神様が天地の主宰者《しゅさいしゃ》であると云《い》うことを知らせてやって下さい。」

祈りが終ると、一同はそとに出た。老印度人《インドじん》は空を見上げて、雲をもとめているような様子をしていた。もっと賢《かしこ》い智慧者《ちえしゃ》たちはそれを見て嘲《あざけ》るような表情をし、ちょっと気の毒な眼くばせをして何か囁《ささや》き合っていた。

しかし神は愚かなる者の祈りをききたまい、賢《さか》しきものを愚か者ならしめ給《たま》うのである。

やがて小さな雲が彼方《かなた》に見えはじめた。しかしきわめて小さい浮雲《うきぐも》に過ぎない。老印《イン》度人《ドじん》は空をながめて雲をみつけた。

「雲が出た！」と彼は呟《つぶや》いた。

それは暑い日であった。牧場につながれている牛にはいっぱい蝿《はえ》がたかっていた。一人の女が出て来て、その蝿《はえ》を追ってみたが、やがて、蝿のいぶし器《き》に火をつけた。煙がもうもうと出る。その時、一陣の風が来て、蝿いぶしを吹き消してしまった。

見ると、お空にはいつのまにか、一めんに雲がひろがっているのである。やがて雨が降って来た。本当に降って来たのである。最初はしょぼしょぼ降っていたが、やがて激しい降りとなった。

祈って信じて待つものはついに与えられるのである。

祈って、信じて、待つには心の貧しさが必要なのである。「幸いなるかな、心の貧しきもの。天国はその人のものなり」とイエスは云《い》っているのである。自分が素直に空《から》っぽになって全面的に神の約束を信ずる者のみが、約束の（実相《じっそう》の）神の国を得《う》ることが出来るのである。

第三章　幸福生活の根本問題

一、真理は何のために求めるか

人間が真理を求めるのは決して物質的利益《ぶっしつてきりえき》のために求めるためばかりではないのであります。無論《むろん》多くの人達は病気、不幸、家庭の不調和、人生苦等《じんせいくとう》の悩みを解決せんがために真理を求めて来る人もありますが、それはある人々に於《お》ける当座《とうざ》の求めでありまして決してそれは純粋《じゅんすい》の真理探究《たんきゅう》の目的ではないのであります。多くの人達はいたずらに自分の病気、苦痛、欠乏等《けつぼうとう》を征服《せいふく》せんとしてあらゆる努力をいたずらに重ねたあげく、神に対して最後にふりむくのであります。

どんな無神論者《むしんろんしゃ》の心の中にも自分の希望をかなえるところの何かの力がどこかには存在《そんざい》するに違《ちが》いないと考えずにはいられない時が来るのであります。そして自力《じりき》をつくしたあげく遂《つい》に神にふりむくのであります。それはすでに神があるとの先見的予定《せんけんてきよてい》がその人の魂の中にあるからであって、何人《なんぴと》といえども神を否定しながらでも神の存在《そんざい》を知っているのであります。

二、人間は本来幸福でなければならぬ

神は自由本体《じゆうほんたい》であり、人間は神の自己実現《じこじつげん》でありますから完全に自由なのが本来の姿なのであります。即ち貧乏からも自由であり、病気からも自由である。如何《いか》なる不幸からも自由であり、何ものにもしばられないのが本当の姿であります。従って苦痛の時にその苦痛のなからんことを望むのは、神から与えられた本来の要求であり、従って本来人間の権利であるのであります。

三、人間に何故《なぜ》不幸が来るか

吾々《われわれ》が本来神の子であり幸福であるべきはずでありながら、幸福になれないのは自分の心の波長を「不幸」の波長に合わすからであります。不幸の波長に合わせれば不幸が陸続《りくぞく》として現われて来《き》、幸福の波長に合わせれば、幸福が陸続として現われて来るのは、ＡＫ放送に波長を合わせればＡＫ放送が現われて来るのと同じであります。だから吾々《われわれ》に失敗や不幸がたとい現われて来《こ》ようとも吾々《われわれ》は恐れる必要はないのであります。黒住《くろずみ》教祖《きょうそ》（註・黒住宗忠《むねただ》。江戸時代末期に開かれた教派神道で、神道十三派の一つに数えられている）は「難《なん》あり有《あ》り難《がた》し」といわれましたが「難儀《なんぎ》」がまことに現われて来るのが決してありがたいのではないのであります。難儀《なんぎ》なことが今現われているのは過去に自分の心のダイヤルを難儀《なんぎ》なものが出てくる所へ回転しておったから謂《い》わば「難《なん》あり放送局」の放送のプログラムが現われているのでありますから、そのプログラムが嫌いならば、難儀《なんぎ》なことがでて来た瞬間《しゅんかん》に、くらりと心のダイヤルを一転して、「ありがとうございます」と「ありがたい放送局」の波長に自分の心を合わせればありがたい放送局の放送プログラムであるところのありがたい幾多《いくた》のプログラムが実現して来るからであります。これが即ち「難《なん》ありありありがたし」の黒住教祖《くろずみきょうそ》のみ教えでありまして、悪いことが起って来た瞬間に、心をその「悪いこと」から一転して感謝の心境《しんきょう》に心を転ずれば、感謝すべきところの幾多《いくた》のありがたい出来事が起ってくるという意味であります。

ところが、現在多くの人類が心のダイヤルをどこに回転して、何に波長を合わしているかというと、不景気だ、貧乏だ、病気だ、困難だ、強盗だ、殺人だ……等々《とうとう》ろくでもないことばかりに心のバリコン（註・可変コンデンサー。ラジオなどに使われる）を廻《まわ》してそれに波長を合わしているのであります。新聞の記事をみましても、その大見出しをにぎわしている事柄《ことがら》は、争いと憎《にく》みと嫉妬《しっと》と殺し合いとあらゆる人間欲望の見苦しい葛藤《かっとう》であります。映画の広告には、何が書かれているかというと、残虐《ざんぎゃく》と、盗賊《とうぞく》と、殺人と、性的葛藤《せいてきかっとう》と、野獣《やじゅう》の如《ごと》き乱闘とであります。ラジオのプログラムにしましても、善《よ》いことは余《あま》り放送しないで争いの題目《だいもく》をより多くとりあげているのであります。そんな世界に住んでいる吾々《われわれ》ですから、もし吾々《われわれ》が心のダイヤルを特に注意して善と愛と智慧《ちえ》と光と調和との方《ほう》へふりむけなければ、この世界の葛藤《かっとう》、争闘《そうとう》、困難《こんなん》の波に波長を合わして、知らず知らず自己の人生に病気不幸貧乏等《とう》の混乱状態を実現することになるのであります。だから吾々《われわれ》真理の信奉者《しんぽうしゃ》は、そんな不幸の精神的渦巻《せいしんてきうずまき》の中にまきこまれないで、どんな時にも善《よ》き心の波長をおこすように自分の心を自己統制《じことうせい》しなければならないのであります。

吾々《われわれ》はこの世界に病気や不幸や貧乏が存在《そんざい》するということを否定するものではないのでありますけれども、吾々《われわれ》はその不幸の原因が心にあることを知り、想念《そうねん》にあることを知り、吾々《われわれ》の想念を、吾々《われわれ》の心を来たるべき幸福の実現のために、自分の心の波長を「幸福放送局」の波長の方《ほう》へふりむけて置くようすすめずにおれないのであります。世界にはもっと困難が来るかも知れない、又もっと不景気が来るかも知れない。第三次世界大戦が来るかも知れない。そういう想《おも》いが全人類の大多数に拡《ひろ》まりつつある。その人類大多数の想念《そうねん》の強さが真に尚一《なおいっ》そう不幸や不景気が実現して来るところの原因になっているのであります。キリストは「天地は失《う》せん。されどわが言葉は失《う》せず」といっております。言葉は具象化《ぐしょうか》して現象界《げんしょうかい》に現われつつあるのであります。心で想《おも》うこと口でのべること、表情や態度や動作《どうさ》は何《いず》れも「生命の波動」即ち言葉であります。吾々《われわれ》は人々が前途《ぜんと》にどんな不幸が来るかも知れぬと噂《うわさ》しようとも、そういう噂が拡《ひろ》がるが故《ゆえ》に、そういう言葉が拡がり、そういう言葉が拡がるが故に、人類大多数の心が動揺《どうよう》し、人類大多数の心が動揺するが故に、戦争がまき起り、混乱が惹起《ひきおこ》され、不幸が現われて来るというのを知るのであります。吾々《われわれ》は宗教家《しゅうきょうか》として政治や政策のことをのべるのではない。ただ吾々《われわれ》は人類の幸福と平和と繁栄とを願うが故に、心をどの方面にふりむくべきかを説くのであります。吾々《われわれ》は世間の人がどんな噂《うわさ》をしようともラジオや新聞が何を伝えようとも、心の波長を神の愛の放送局に合わさなくてはなりません。もし吾々《われわれ》が真に人類を愛するならば、常に善意と愛と幸福との思念《しねん》を全世界に放送し、同時にそれと同じ波長を感受《かんじゅ》するようにしなければならないのであります。

四、善き想念《そうねん》のみを放送せよ

「必ずよいことが来《く》る。必ずよくなる。必ず平和のみが来る」というような善と福とを実現するための言葉のみを吾々《われわれ》は考え、想念し、放送しようではありませんか。真理を知るものはかくの如《ごと》き善念《ぜんねん》のみを放送しなければならない、そして全世界に拡《ひろ》がっている悲観的《ひかんてき》な破壊的な想念に対抗しなければならないのであります。吾々《われわれ》は人類は神の子であるから善《よ》き性質があり、争闘《そうとう》の性質などのあり得《う》べからざることの想念を強き信念を以《もっ》て強調しなければならないのであります。吾々《われわれ》が実相《じっそう》を見る心の目を開いてみれば、実相は神の子であるからただ善意のみを想念しているのであります。それだのに悪があると疑う。それを新聞が書きたてる、ラジオが放送する。多くの人類がそれによっておどろかされる争闘の想念に拍車をかける、そうしてその争闘が現実に具象化《ぐしょうか》するのであります。吾々《われわれ》はそのような混乱の世界を吾々宗教家《われわれしゅうきょうか》の立場からこれを是正《ぜせい》して行くのは「真理の武器」を用いる外《ほか》に仕方《しかた》がないのであります。吾々《われわれ》は今、すぐ、今日《こんにち》よりそれを実行することができるのであります。今日唯今《こんにちただいま》人類互《たがい》に神の子として唯《ただ》拝み合うのみの思想を大声叱呼《たいせいしっこ》して全人類によびかける、これこそが宗教的世界平和運動だといわなければならないのであります。

五、破壊的な想念《そうねん》を避《さ》けよ

常に破壊的な想念を想《おも》うな。常に破壊的な言葉をいうな。常に建設的な人々互《たがい》に助け合い愛し合う言葉のみを想《おも》いしかして言葉に発せよ。赦《ゆる》す心は建設的であり、批評したり、人の悪を探《さが》しだしてさばくような心は破壊的な心である。吾々《われわれ》は常に人類互《たがい》に赦《ゆる》し合う言葉を語らなければならないのである。キリストは「汝《なんじ》ら互《たがい》にさばくこと勿《なか》れ」と教えたのであります。さばきは人間の魂を寸断《すんだん》してそれをばらばらに打ちくだく破壊的な力であります。又吾々《われわれ》は怒りや不平や呪《のろ》いの言葉を発してはなりません。不平や怒りの心はやはり破壊的な心であります。常に感謝《かんしゃ》の心を思い浮べよ。喜びの言葉を発せよ。感謝と喜びとは意気《いき》銷沈《しょうちん》したる者の心を鼓舞《こぶ》し倒れたる者を再び立ち上《あが》らせる建設的な言葉であります。病気の時に「これは中々重態《じゅうたい》だ」というような言葉は破壊的な言葉であり、「神の無限の力が今癒《い》やしつつあるのだ」というような言葉は建設的な言葉であります。天理教祖《てんりきょうそ》(註・中山みき。江戸末期、現在の奈良県天理市の農民であった中山みきに天理王命が天降り、病気治癒などの奇蹟を起こした)は「難儀《なんぎ》は節《ふし》や節から芽が出る」と云《い》ってその如何《いか》なる難儀に接しても新たに伸び行く生命力を肯定《こうてい》する建設的教えをしていられるのであります。吾々《われわれ》は「難儀」というような外見《がいけん》の面白《おもしろ》くないことにとらわれて悲観的《ひかんてき》な言葉を発してはならないのであります。言葉は種《たね》でありますから、どんなに難局《なんきょく》に面《めん》したように見えようとも、その奥に実相《じっそう》の善きものがひそんでおり、そのよき芽が伸びようとしているのだということを認めて、それを言葉を以《もっ》て表現すべきであります。悪《あ》しく現われている人々に対しても、その悪を見ず、美点のみを見て賞讃《しょうさん》の言葉を豊かに発するものは遂《つい》にその人から善き芽をひきだすことができるのでありま す。如何《いか》に全世界の状態が悲観的《ひかんてき》に前途《ぜんと》不安のように見えようとも吾々《われわれ》は楽観的《らっかんてき》な人類互《たがい》に愛深き楽観的な言葉をのべあわねばならないのであります。人類相互の楽観的な思想が普及されれば普及される程、既に天国にあるところの平和なる人類兄弟相愛《そうあい》の世界がより早く実現するのであります。

何時《いつ》の時代に於《お》いても、肯定的《こうていてき》な愛と光明《こうみょう》と人類相愛《じんるいそうあい》の言葉を普及《ふきゅう》する程《ほど》必要なことは外《ほか》にないのであります。それはキリストの愛と、釈迦《しゃか》の慈悲《じひ》とが教えるところの真理を信ずるところの吾々《われわれ》真理の使徒《しと》達が是非《ぜひ》とも行わなければならないところの最大の急《きゅう》務《む》だといわなければならないのであります。アメリカのユニティ協会では国際ユニティの光明思念放送連盟《こうみょうしねんほうそうれんめい》の如《ごと》きものが許られているということでありますが、吾々《われわれ》もその運動に参加して、今すぐに全人類に向って祝福と愛と善意と光明《こうみょう》の想念《そうねん》を毎日祈りの際に放送したいと思うのであります。私の選んだ光明《こうみょう》思念《しねん》の簡単な言葉を次に掲《かか》げることに致《いた》します。

「神の愛、吾《われ》に流れ入《い》り給《たま》いて、吾《わ》が全身にみち給《たま》い、全人類を祝福すべく光輝《こうき》燦然《さんぜん》として吾《わ》が全身より愛の念波《ねんぱ》を全人類に今放送し給《たま》いつつあるのである」

第四章　信仰《しんこう》が実現する時期と条件

一、何故《なぜ》彼の祈りは実現せぬか

聖書には「もし芥子種程《からしだねほど》の信《しん》あらば、この山に動きて海に入れと言うとも必ずならん」とあります。それだのに教えられた通りに祈っても、思念《しねん》してみましても、少しも効果がないと云《い》う人があります。それはどう云《い》うわけでしょうか。芥子種《からしだね》と云《い》うのは小さき信仰《しんこう》の喩《たと》えである。もし芥子種程《からしだねほど》でも信仰があれば、山に対して、海に入《い》れと命ずれば山が動き出して海に入《はい》るということであるが、実際、私は目をつぶって大いに信仰心を喚起《かんき》して山に向って、山よ、動き出して海に入れと命じて見て、さて目を開いて見たが山が動き出して海に入っていなかったと云《い》って失望する人があります。

さて、しかし此《こ》れは何故《なぜ》でありましょうか。イエスは吾々《われわれ》に嘘《うそ》を云《い》ったのでありましょうか、それとも吾等《われら》の信念がいと小さき芥子種程《からしだねほど》に及ばなかったからでありましょうか。はじめから山なんて動くものではないと信じていたからでありましょうか。

しかしここにイエスの言葉を吟味《ぎんみ》して見る必要があるのであります。イエスは決して、その山が直ちに動いて海に入《い》るとはいっていないのである。イエスは山の動き出す時を指定していないのである。イエスは信仰《しんこう》を芥子種《からしだね》の一つに喩《たと》えたのであるが、それは決して、小さいという意味のみではないのである。それは種であるという比喩《ひゆ》である。信仰は種なのであります。諸君は種を植えて、忽《たちま》ち花の咲くことを期待せられますか。如何《いか》に信ずるとも種を植えて即日速《そくじつすみや》かには花は開かないのであります。

二、種子《たね》を植えた後《あと》如何《いか》にすべきか

信仰の種もかくの如《ごと》きものである。吾々《われわれ》が種子《たね》を植えればその次になすべき色々のことがあるのである。水を灌《そそ》いでやらなければならないし、太陽の光にあててやらなければならないし、又雑草の成長を防《ふせ》いでやらねばならないのである。かくして種子《たね》は発芽《はつが》し成長する。仮《かり》に樫《かし》の実《み》を植えるとする、植えた翌日には発芽しないのである。或《あ》る樫の実は湿《しめ》りと日光を受けて早く発芽し、或る樫の実は湿りと日光を受けないのでおそく発芽する。信仰《しんこう》の種子《たね》もかくの如《ごと》きものである。信仰の種《たね》は芥子《からし》よりは小さいかも知れない。それは多くの本能的雑草《ほんのうてきざっそう》にとりまかれていることもあり、心配や恐怖《きょうふ》や疑いの雑草にとりまかれていることもあります。しかしもし吾々《われわれ》が注意を払って、これらの雑草をとり払ってやるならば、それは発芽し、それは速《すみや》かに成長するのである。信仰の種《たね》は必要である。山は動かないではないかということはあたらないのであります。信仰の種《たね》は物質界《ぶっしつかい》の種《たね》と同じく、それが実現するには時間の過程を要するのであります。その実現にはそれを助ける或《あ》る実行を必要とするのである。信仰の結果、そこに精神力が喚起《かんき》され、信仰の精神力が物質力《ぶっしつりょく》に変形せられるのであります。

だから、信仰に依《よ》って山が動くということは疑うべからざることであって、決して誇《こ》張《ちょう》ではないのであります。イエスは自分自身を種《たね》にたとえて、人々を地《ち》にたとえたのである。イエスの信仰《しんこう》を人類の心に移しうえるとき、そこにやがて、美しき花が開き実《み》を結ぶのであります。

三、信仰の実現には時間を要する

あらゆる処《ところ》に生命の神秘はあるのである。或《あ》る人の肉体が傷つくと自然の療能《りょうのう》がその傷を癒《いや》すのである。しかしその治癒《ちゆ》は速《すみや》かには起らないのである。治癒にはある時間経過を要するのであります。時間なしには種は発芽しないのである。人体の治癒力《ちゆりょく》もすべての人に宿《やど》っていて、時間の経過を通して秩序整然《ちつじょせいぜん》と肉体の組織が再び完全に構成せられると云《い》えるのである。大自然と云《い》うものは急がないのであります。

赤ん坊が生れる。しかし忽《たちま》ち大人になる事はないのである。それは必ず自然の法則によって支配されるものである。それは霊的世界に於《お》いても、信仰の世界に於ても、やはり同じことであります。

四、直《す》ぐ実現する信仰《しんこう》は既に成長せる信仰の樹《き》である

しかし、すべての信仰が芥子種《からしだね》程《ほど》に小さいとは決っていないのである。又すべての植物が種《たね》で植えられるとは決っていないのである。或《あ》る植物はすでに成長した形で植えられるのである。されば、既に成長せる植物の大いなる信仰をもてるものは幸《さいわ》いなるかなである。イエスが癒《いや》した処《ところ》の人々の中に殆《ほと》んど即座に治癒《ちゆ》した人もあるのである。それは既に成長せる植物の如《ごと》き信仰にまで高められていたのです。かくの如《ごと》き曇《くも》りなき完全な信仰の所有者にとっては「主《しゅ》よ、吾信《われしん》ず」だけでその癒《いや》しが完了したのであります。

イエスが芥子種の如き信仰を説いたのは、かくの如き成長せる信仰を有する人々についてではないのです。それは、寧《むし》ろ、疑いや否定的な思想又は言葉の雑草の中に埋《うず》もれ

ている極めて小さい信仰《しんこう》をもっている人達の場合を云《い》ったのである。彼はいと小さき信仰を芥子種《からしだね》にたとえて説明したのであります。

種《たね》は成長すべきタイムを要するのであります。即座に山をも動かす完全なる信仰を求める人達には、このことをよく記憶し、了解《りょうかい》して置かなければなりません。

吾々《われわれ》自身の信仰は如何《いか》なる大いさをもてる信仰か、完全な絶対的なものであるか、或《ある》いは実際いと小さきものであって、芥子種《からしだね》にも比すべきものであるか、又如何《いか》にその種を培《つちか》いつつあるのであるか、吾々《われわれ》は消極的な想念や否定的な言葉の雑草をとり除いて水と日光とを豊富に灌《そそ》ぎかけ、積極的な明るい想念《そうねん》を以《もっ》てその緑地を耕し、イエスの教え給《たま》いし神の法則に最後まで従っているのであろうか。吾々《われわれ》は内部的な喜びの感情を以《もっ》て吾《わ》が中《うち》にある芥子種程《からしだねほど》の信仰を培って毎日毎時間、その信仰の種が成長し、やがて如何《いか》なる大いなる山をも動かし得《う》る信仰まで、それが成長することを静かに心を落ちつけて待つべきであります。

吾々《われわれ》はこの信《しん》と喜びとの資格を与えられているのである。なぜなら、わが中《うち》にある種は、如何《いか》に小さくとも、その信仰《しんこう》は必ずや速《すみや》かに成長してやがて山を動かす一大信念《いちだいしんねん》になるに違いないからである。信仰の力に抵抗し得《う》る何ものもないのである。信仰の力の前には山もくだけて無《む》に帰するのであります。

諸君の魂の中に少なくとも今、芥子種《からしだね》にも比すべきいと小さき信仰はあるのである、その信仰の種は金剛不壊《こんごうふえ》のものであって、それが一度、植えつけられておれば、決して抜き捨てられることはないのです。それはやがて成長して、輝かしき完全な信仰にならずにおかないのであります。かくならしめるためには、諸君は毎日毎時毎瞬《まいしゅん》真理の法則に従って生活すればよいのである。

五、真理を聴《き》いたら実践《じっせん》せよ

此《こ》の真理の法則とは如何《いか》なるものであるか。それについてイエス・キリストは詳《くわ》しく説明しているのであります。彼は山上《さんじょう》の垂訓《すいくん》（註・新約聖書「マタイ伝」第五章〜第七章にある、イエスが山上で語った教え。聖書中最も有名な部分である）に於《お》いてそれを説いて、「さればわが言葉をききて此《こ》れを行うものは、巌《いわお》の上に家を築く賢者《けんじゃ》にたとえられん。雨降り、水溢《あふ》れ、風吹きすさび、その家をうつとも倒《たお》るることはなけん。なんとなれば、それは、巌《いわお》の上に築かれておればなり。」

芥子種程《からしだねほど》の信《しん》をもちてさえ、イエスの教えを忠実に遵奉《じゅんぽう》し築き上げて行く時に巌《いわお》の上に堅固《けんご》な家を立てることができるのである。かかる人は目の前に迫る現象《げんしょう》に惑《まど》わされはしないのであります。なぜなら諸君の信仰《しんこう》の種は巌《いわお》の上に建てられる家の如《ごと》くに必ず成長する。何ものをもってしてもその成長を阻《はば》むことはできないのであります。やがて時が来ると驚くべき短時日《たんじじつ》の中《うち》に山が崩《くず》れて、山が海にまで入るときが来るでありましょう。

諸君、このことを汝《なんじ》の肝《きも》に銘《めい》せよ。汝の前に未《いま》だ動かざる山を見て、嘲《あざ》けり笑うこと勿《なか》れ。諸君は今や絶対に、その山が動いて海に入り得《う》るものであることを知っていただきたい。かくならしめ得るとは山も信仰《しんこう》により動くという絶対的真理の認識《にんしき》に依《よ》って始まるのであります。これを知り認めるならば如何《いか》にそれは僅《わず》かであろうとも、目の前にある山は既《すで》に動き出しているのであります。諸君の内奥《ないおう》の切実なる魂はこれを知っているのであります。なぜならば、諸君の魂の奥殿《おくでん》には、芥子種《からしだね》にも比すべき信仰の種が必ず蔵《ぞう》されているからであります。時々刻々《じじこっこく》、この種は成長しつつあるのです。今この瞬間にも成長しつつあるのであります。時々刻々あなたに幸福が近づいて来つつあります。それを信ずるものは幸《さいわ》いなるかな。

第五章　法則と自由意志《じゆういし》

一、何故《なぜ》、信仰《しんこう》深き人で病弱《びょうじゃく》な人があるか

実に信仰深き人でありながら、そして正しき道徳的な生き方をしていながら、病弱に苦しみ、そしてそれが何時《いつ》までも癒《いや》されないでいる如《ごと》き人があるのは何故《なぜ》であろうか。如何《いか》に神想観《しんそうかん》しても祈っても治らないで何時《いつ》までも苦しんでいるのは何故《なぜ》であろうか。神の法則はそれを癒すことはできないのであろうか、神の愛はそれを癒すことができないのであろうか。

以上のような質問が往々《おうおう》にして初心者の間に起るのであるが、何故《なぜ》この世界には苦しみがあるのであろうか。神の造り給《たま》うた世界には病気もない苦しみもないと教えられ、しかもそれを信じていながらその信念が効《こう》を奏《そう》しないのはなぜであろうか。

かかる人々の苦しみは決してその祈りが叶《かな》えられないのでも、神が彼の苦しみを欲し

給《たま》うのでもないのである。神は決して如何《いか》なる種類の苦しみをも、人間に与えようと欲してはい給《たま》わないのである。間違《まちがい》は人間にあるのである。神は救いの神であり、完全の神であり、愛の神であり、生命の神であって、復讐《ふくしゅう》や刑罰《けいばつ》や病気や貧乏や災難の原因である神ではないのである。

キリストを磔刑《はりつけ》につけたのは、人間であって神ではないのである。神は磔殺《たくさつ》されたるキリストを墓より甦《よみがえ》らせ給《たま》うた神である。神の意志は復活であり、無限供給《むげんきょうきゅう》であり、健康であり、幸福であり、平和である。如何《いか》なる刑罰《けいばつ》も神は人間に与え給《たま》うのではないのであって、受難《じゅなん》はただ人間のみから来るのである。

吾々《われわれ》自身がすべての困難《こんなん》の原因者であるのである。吾々《われわれ》は自分自身で困難を造り自分自身を罰《ばっ》するにすぎないのである。その自分自身を罰する方法はやはり神の法則を使うのであって、自《みずか》ら火の中へ自分の手をさしこんで火傷《やけど》するように火は物をやくという法則を使うことによって自分自身を罰するのである。しかし神は人間を焼くように火を創造《つく》ったのではないのである。

吾々《われわれ》が手を火鉢《ひばち》の中へつっこんで、火傷《やけど》したからといって、決して神が吾々《われわれ》を罰《ばっ》したのではないのである。神は火の生ずる法則を造りその火によって飲食物《いんしょくもつ》をあたため、或《あるい》は鉄をきたえ、鋳物《いもの》をつくり等《など》して人生に色々の幸福を与えんがために、火の生ずる法則を造ったのである。神の法則は決して破る事はできないのであり、破ったと見えている時にも、厳然《げんぜん》としてその法則は存在《そんざい》するのである。たとえば「火は物を焼く」という法則は変らないのであるが、その法則を食物を温《あたた》め或は色々の日常の機具《きぐ》を製作するために、鉱物《こうぶつ》を溶《と》かすために使う時にも、人間を焼死《しょうし》せしめ家屋《かおく》を焼失せしめる時にも、同様にその法則は変らないのである。ただ異なるのは吾々《われわれ》がその法則を、意識的にか無意識的にかいずれにせよ、わざと自分を害するように使ったにすぎないのである。吾々《われわれ》が火によって焼かれるというような不幸な出来事が起るにしてもそれは決して人間の自由意志《じゆういし》の否定でもなければ、神の強制《きょうせい》でもないのである。それは自由意志によるところの自己選択《じこせんたく》によって行われている。その自己選択は、概《おおむ》ね無意識的に行われる場合が多いのである。

二、人間の不幸は法則と調和しないから起る

吾々《われわれ》は自分の環境《かんきょう》が面白《おもしろ》くないといい、境遇《きょうぐう》が苛烈《かれつ》であるといい、或《あるい》は周囲の人々が自分に意地《いじ》わるをするといい、親父《おやじ》が頑固《がんこ》であるといい、姑《しゅうとめ》が依怙贔屓《えこひいき》するなどといって、時々不平をこぼすのであるけれども、それは結局自分自身の心の反映が外界の出来事として現われているにすぎないのであって、自由意志《じゆういし》を縛《しば》る如《ごと》く見えるところの外界の困難《こんなん》なる事情は、実は自分自身の自由意志が、意識的にもせよ無意識的にもせよ選択《せんたく》したるところのものである。

かくの如《ごと》き不幸なる、又は困難なる外界の事情は結局は吾々《われわれ》が神に対して完全に任《まか》せきらないところの「我《が》」の状態又は「我《が》」の想念《そうねん》より来《きた》るのである。これを旧約聖書《きゅうやくせいしょ》の創世記《そうせいき》では智慧《ちえ》の樹《こ》の果《み》を食べると形容されているのである。即ち自分の自由意志に

よって「生命《せいめい》の樹《き》」を選ばず、「智慧《ちえ》の樹《き》」を選んだのである。それによって法則が自《おのず》から自働《じどう》して困難苦痛《こんなんくつう》というような状態を生ずるのである。これを譬喩的《ひゆてき》にいえば智慧《ちえ》の樹《こ》の果《み》を食べたから楽園を追放されたというのである。

吾々《われわれ》が困難なく、苦痛なく、不幸なく生きるためには神の法則と調和しなければならないのである。吾々《われわれ》は神の定めたまえる「火は物を焼く」という法則を変化しようと試みる必要はないのである。その神の法則と調和した生き方をすればいいのである。たとえば火は物を焼くけれども、吾々《われわれ》はその火を暖炉《だんろ》の中に燃やして適当の距離におけば、それは冬の日に温かく我らを生活させてくれるところの神の愛の実現として現われるのである。吾々《われわれ》は神の法則に対して、自分の位置はどこにおくべきか、その法則を如何《いか》に使うべきかということを、神の智慧《ちえ》に導かれて行う時に、神の智慧と法則とは、本来一つの神の二つの面であるが、調和した姿にその法則を利用することができるのである。自然科学の研究もその方向に向って行われなければならないのであって、科学的研究も神の叡智《えいち》によって行われる時、それは神に調和した生き方となるのである。

吾々《われわれ》がかくの如《ごと》く神の法則に対して調和ある生活を送る限り一切の不幸というものは消えてしまうのである。しかし神は決して人間を強制《きょうせい》し給《たま》わないのであるから、その法則を逆用《ぎゃくよう》し或《あるい》はその法則に対して不調和な位置にあるのも自由であるがために、吾々《われわれ》は時々その法則に害されたる如き結果を生ずるのであるが、それは決して神が吾々《われわれ》を害し給《たま》うのではないのである。

三、しからば幸福を得《う》るために何を為《な》すべきか

それでは吾々《われわれ》は如何《いか》にして神の叡智《えいち》に導かれて法則に対し調和ある行動をとり、調和ある生活をなし得《う》るであろうか。実際問題としてそれは極めて重大な問題であるのである。答えて曰《いわ》く、吾々《われわれ》は神に魂をつくし、心をつくし、精神をつくして愛することが必要である。そして、「我《が》」を捨ててただひたすら神のみ心にそう生活をすべく決意しな

ければならないのである。「我《が》」を捨てて静かに坐《ざ》して神の中にとけこむ祈り又は神想観《しんそうかん》をする必要があるのである。神想観のやり方を完全に知らない人は、神に近づくのに何もそんなにむつかしい形式ばった、宗派的《しゅうはてき》な儀礼《ぎれい》が必要であるというようなものではないのである。自分がなくなって神にまかせきりの心境になればいいのである。「我《が》」の思いをなくするために、いろいろの事物《じぶつ》を見て「自分考え《じぶんかんが》」をおこさないために先ず目を閉《と》じ、ゆったりと坐《ざ》するか椅子《いす》に凭《よ》りかかるかし、合掌《がっしょう》して「神さますべての事件をあなたのみ心におまかせ致します。私は今自分の智慧《ちえ》を悉《ことごと》くすてました。どうぞみ心のままになしたまえ。」そういう意味の言葉を心にくりかえし念じながら、心も体も何の力《りき》みも緊張《きんちょう》もなくしてしまって、すっかり神さまにもたれこんだような気持になるのである。そして目の前にあるところのすべての「困難《こんなん》」を、或《あるい》は「不幸」を心の世界からすててしまうのである。二十分乃至《ないし》三十分こうして一切の事件の処理を神さまに任《まか》してしまった後《のち》、眼前《がんぜん》にある日常生活の自分自身にわりあてられている仕事をするか、もし何か頭にひらめくように、「何かしたい」という考えがおこってきたらそのことを熱心にすればいいのである。

四、本当の祈りは我《が》を捨てることである

要するに「我《が》」の考えや我欲《がよく》によって動いている時に困難《こんなん》というものは来たるのである。即ち神の法則を、神の智慧《ちえ》に導かれて正しい方向に使わずして誤った使い方をするのである。そして神が吾々《われわれ》に幸福になるべく造ってくれたところの火の中に、手をつっこむに等しいような行動をとることになるのである。人間が幸福になる道は、「我《が》」を捨てることである。「智慧《ちえ》の樹《こ》の果《み》」をすてることである。キリストがいった「十字架《じゅうじか》を負《お》いてイエスに従う」ことなのである。「十字架を負う」というのは「我《が》」を磔刑《はりつけ》にかけて、「我《が》」を抹殺《まっさつ》してしまって、神のみ心に神の智慧によってすなおに従うことなのである。そこから本当の平和が本当の智慧が湧《わ》き出てきて、人間は真の幸福に達する

ことができるのである。

キリストが第一最大の誡《いましめ》として教えたのは、「心をつくし、精神をつくし、魂をつくして汝《なんじ》の神を愛せよ」という事であったのである。次に彼が教えたのは「汝《なんじ》の如《ごと》く汝の隣人《りんじん》を愛すべし」ということであった。更《さら》に彼が教えたことは「いと小さきものを愛するはキリストを愛するのである」ということであった。そして最後に「汝ら互《たがい》に相愛《あいあい》せよ、愛するところに吾《われ》はいるなり」と教えたのである。この四つの教えを連関させて考えて見る時に、神を愛するということは神の子である人間を愛することであり、いと小さき人間をも愛し得《え》ないものは神を愛しているのではないということである。吾々《われわれ》は自己の中《うち》に宿るところの「神の子」を礼拝《らいはい》すると共に、人々の中《うち》に宿るところの「神の子」をも礼拝《らいはい》しなければならないのである。

パウロは「神を愛するのは神を霊として愛さなければならない」といったが、人間も「神の子」である以上はそれを霊として愛しなければならないのである。吾々《われわれ》は時として、人間を愛する道を誤るのである。そして彼を肉体として愛する。そこに時としてまちがいが生じてくるのである。彼を見るのに肉体として見るのである。自分を見るのに肉体としてみるのである。わが子を見るのに肉体としてみるのである。そしてそこに病気を見る。そこに不幸を見る。そこに困難《こんなん》を見る。そこに肉欲《にくよく》や情欲《じょうよく》を見、その欲を満たしてやりたいと考える。これは相手を肉として愛するのであって「神の子」として愛するのではないのである。それは決して人間の実相《じっそう》を見ないのであって、人間はいまだかつて、病まず、不幸にならず、苦痛をうけず、肉欲の欲望に支配されざるところのものなのである。

五、祈りがきかれない場合にはこうせよ

吾々《われわれ》の祈りがきかれない場合には、以上述べたようないろいろの原因が交錯《こうさく》しているのである。まず第一に注意すべきことは、自分を或《あるい》は自分の子供をその他《た》すべての家

族達を神の子として霊としてみているかを反省してみるべきである。もし治らない恐怖《きょうふ》心《しん》や、死の恐怖があるならば、それは人間を霊として見ていない証拠《しょうこ》である。霊は病いもなく死もないからである。第二には、自分は誰《たれ》か恨《うら》んでいないか、憎んでいないかということを反省して見ることである。時とすれば、もう記憶にも残らないほど誰《たれ》かを憎んだままで赦《ゆる》していないでそのまま忘却《ぼうきゃく》していることもあるのである。できるだけ過去を記憶によびもどして、もし不調和な人があらばその人を赦《ゆる》して彼と和解する事である。憎むべき原因、色々の争い等《とう》は本来実相《じっそう》の世界には存在《そんざい》しないのであって、すべての人間は、皆善《みなよ》き人間ばかりなのである。従って憎み恨《うら》みという事は結局は根拠のないことだと悟って、すべてを赦《ゆる》してしまうことである。それには静かに坐《ざ》して目をつぶり、目の中に相手の姿を思い浮べその名前を数回となえて相手を呼びだすような気持になり、「私はあなたを赦《ゆる》しました、私はあなたを愛しています。私は貴方《あなた》に感謝《かんしゃ》しています。もし私があやまってあなたに気に入らないことをしていましたならどうぞお赦《ゆる》し下さいませ。あなたと私とは神の愛の中に渾然《こんぜん》と融《と》けこんで互《たがい》に一体でございます。」

というような言葉を心の中で幾回《いくかい》もくりかえし、二十分乃至《ないし》三十分間その思念《しねん》に精神を集中し、心の世界で相手と和解するのである。第三には吾々《われわれ》は業《ごう》の観念《かんねん》から解放されなければならないのである。過去に何か誤った業《ごう》をおかしてその報《むく》いをうけなければならないというような罪《つみ》の観念を捨ててしまうことが必要である。多くの不幸・病気・災難等《とう》は自己処罰《じこしょばつ》の観念の具象化《ぐしょうか》して現われている事が多いのだから自己処罰の観念を捨てなければならないのである。そのためには瞑目合掌神想観《めいもくがっしょうしんそうかん》して「神の光吾《われ》に流れ入《い》り給《たま》うてすべての過去の罪と業《ごう》とを浄《きよ》め給《たま》うたのである。今吾《われ》は完全に洗い浄《きよ》められて、本来罪なきところの円満完全清浄《えんまんかんぜんしょうじょう》無垢《むく》なる神の子に生れ変ったのである。もう自分は如何《いか》なる罪の束縛《そくばく》も業《ごう》の束縛《そくばく》をも受けることはないのであって、自分は自由自在《じゆうじざい》である」というような言葉を心の中にくりかえし念ずることが必要である。

六、自己処罰《じこしょばつ》の念と暗い心を捨てよ

吾々《われわれ》は我欲的目的《がよくてきもくてき》や、罪の観念《かんねん》や、恐怖心《きょうふしん》や、神のつくり給《たま》うたこの世界に何か不完全があるというような疑《うたが》い心《ごころ》で神に祈ったからといって、神はその祈りに答えたまうわけはないのである。神は泣き付き、懇請《こんせい》することによって動かされ給《たま》うようなセンチメンタルな存在《そんざい》ではないのである。神が祈りをきき給《たま》うのはやはり法則によってきかれるのである。吾々《われわれ》は自然界の法則を知ると共に心の世界の法則をも知らなければならないのである。自分の心の中に自己処罰《じこしょばつ》を要請《ようせい》するような心がありながら、ただ表面の心で「神よ吾《われ》を癒《い》やしたまえ」と祈って見たところでそれが実現するということは不可能であるといわなければならないのである。又神のみ心に反するような我欲的目的《がよくてきもくてき》を適《かな》えしめたまえと祈ってみたところが、やはり心の法則にかなわないのである。又神は光であるから暗い恐怖《きょうふ》や憎《にく》み恨《うら》みの心をもって、「神よ何々《なになに》を与えしめ給《たま》え」と祈っても、かかる暗い心は、神の光の波長に合わないから与えられないのである。

吾々《われわれ》は暗黒の中にも実相《じっそう》の光を見る目を開かなければならないのである。吾々《われわれ》は夜がきたといって太陽がなくなったと思ってはならないのである。「太陽」は依然《いぜん》として恍々《こうこう》と輝いているのである。その如《ごと》く吾々《われわれ》の「健康」をも見なければならないのである。今「病気」が現われているからといって自分に「健康な生命」がないのではないのである。「現象《げんしょう》」の姿に惑《まど》わされず「実相《じっそう》」を見ることが必要である。もっとも尊敬すべき正しき神を信ずるような人が遂《つい》にその祈りがきかれずして死したるというが如《ごと》き場合に面してその祈りがきかれないと思ってはならないのである。神は生命の神であって、死の神ではない。死したると見えるところの遺骸《いがい》は実は彼ではないのであって、彼の使っていたところの現世《げんせ》に生活するための「道具」にすぎないのである。彼はすでに霊として復活しているのである。否《いな》すでに始めから死んでいないのである。祈りは必ずきかれるのである。肉体の革袋《かわぶくろ》を脱いだ霊は、実相《じっそう》を悟らないままで放っておいては、彼は依然《いぜん》として、霊そのものの迷いのために、病気の状態の妄想《もうそう》を継続している悩みの状態を続けているが、吾々《われわれ》が、彼のために真に神に祈って、神の造り給《たま》うた神の子の人間は如何《いか》なる不幸も病《やまい》も存在《そんざい》しないのであるということを真に彼に自覚せしむるならば、彼はその刹那《せつな》よりその悩みの状態を脱却《だっきゃく》して、霊界に於《お》いて完全円満《かんぜんえんまん》なる神の子の健康さを発揮しているのである。

第六章　無抵抗の真理の持つ力

一、人間は強制《きょうせい》してはならない

されど我《われ》は汝《なんじ》らに告《つ》ぐ、悪《あ》しきものに抵抗《さから》うな。人もし汝《なんじ》の右の頬《ほほ》をうたば、左をも向けよ。なんじを訟《うった》えて下衣《したぎ》を取らんとする者には、上衣《うわぎ》をも取らせよ。人もし汝《なんじ》に一里《いちり》行《ゆ》くことを強《し》いなば共に二里ゆけ。なんじに請《こ》う者にあたえ、借りんとする者を拒《こば》むな。『汝《なんじ》の隣《となり》を愛し、なんじの仇《あだ》を憎《にく》むべし』と云《い》えることあるを汝等《なんじら》きけり。されど我《われ》は汝《なんじ》らに告《つ》ぐ、汝《なんじ》らの仇《あだ》を愛し汝《なんじ》らを責《せ》むる者のために祈れ。

（マタイ伝第五章三九―四四）

吾々《われわれ》は幼い時に親から勉強せよ、勉強せよと云《い》われたものです。そしてそれが、必ず勉強しなければならないと縛《しば》られる様《よう》な気持になりますと、却《かえ》って勉強したくなくなったものです。

こういう幼い時の経験は誰《たれ》にだってあるものですが、しかし此《こ》れは決して笑って見逃《みのが》せる様《よう》な小さい問題ではないのであります。

すべての人間と人間との間の関係に於《お》いて強制《きょうせい》することに依《よ》って相手を説き伏せようと思っても完全なる結果を得《う》ることは難《むつか》しいのです。多くの親達は子供を圧制的《あっせいてき》に命令するようにして失敗しているのです。此《こ》れこそ全く悲しい出来事で、皆さんの家庭にそのような状態がありましたなら、是非《ぜひ》とも改めて頂かねばなりません。

かかる時に思い出されるのは、イエスの教えの無抵抗の真理であります。簡単に云《い》えば「我《が》」の執着《しゅうじゃく》を離れ、神に委《ゆだ》ねよということであります。野球に於《お》いてキャッチボールを少しも手に痛みなしにうける技術と同じものであります。来るものを素直にうければ、それが完全に掌中《しょうちゅう》につかまれるのです。

二、ハリイ・チェーズの生涯《しょうがい》

この無抵抗の真理こそ、日常生活の総《あら》ゆる場面に応用してすばらしい効果をあげる真理なのです。ウイクリー・ユニティという雑誌にある実例を挙《あ》げましょう。或《あ》る時ハリイ・チェーズという青年が輝かしい希望を抱いて、ニューヨークからウエスト・ユーストへやって来ました。彼は或《あ》る有名な小説を一つ書き、或る雑誌の主筆《しゅひつ》となり、ドラマに、ステージに、二重の活躍をしていました。彼は又、旅行家であり、有名な人々を知人に持ち、選挙にも、サーカスにも、ベース・ボールにも映画界にも名を知られていたのです。彼は又賭《か》け遊びが好きで随分儲《ずいぶんもう》けたり、随分損《そん》をしたりしたといわれます。彼は映画製作者に極めて高く評価される特技を持っており、シナリオ界でも好評を博《はく》していました。

三、周囲の嫉妬《しっと》で四面楚歌《しめんそか》に陥《おちい》る

ところが、環境《かんきょう》が一変して来たのです。スタジオに於《お》ける人間と人間との関係が今までにない新しい空気を醸成《じょうせい》して来ました。それは他の芸術界にもよくありふれたところの互《たがい》の反対観念《はんたいかんねん》や野心や嫉妬《しっと》や策謀《さくぼう》やそんなものが入《い》り混《まじ》って出て来たのです。チェーズ青年はそれをニューヨークから来た新しい青年成功者に対する地方の古い人達の嫉妬から起るものであると知りました。誰《たれ》も彼の作品に尊敬を払う人はなくなりました。彼の作品はクラブの批評で傷《きずつ》けられました。彼の努力は軽くあしらわれて、彼の名声は地に墜《お》ちてしまいました。しかしチェーズの心の中に今まで気付かれなかった天分《てんぶん》が湧《わ》き起って来はじめたのに彼自《みずか》ら驚きました。その天分というのは、こんなにも激しい誹謗《ひぼう》の中に黙って耐え忍ぶ、そのままうける忍耐の力でした。彼はクリスチャンだったのです。宗教的な訓練が何時《いつ》の間にか彼の中に行われていたのです。

四、無抵抗の力ついに周囲を征服《せいふく》す

彼をとりまくところの彼に好感をもっていない人々は恐らくチェーズがこの四面楚歌《しめんそか》の中に憤激《ふんげき》し、抵抗し、反抗するだろうと思っていたのに、彼が黙々としてそのまま、それに無抵抗でいるのに驚かされました。彼自身は何等《なんら》憤激することなしに普通の忍耐と機嫌《きげん》のよさとを以《もっ》てそれに対していることが、不思議《ふしぎ》に彼に悪くあたっている人達を沈黙せしめ、不思議《ふしぎ》がらせているのに驚く程《ほど》でした。ここに他のあらゆる方法が失敗すべき時にも、今まで気にもとめなかった法則・神・無抵抗の真理が、かくも素晴らしく働くものであるということが解《わか》って来たのでした。

「悪に抗《こう》すること勿《なか》れ」となぜイエスが山上《さんじょう》の垂訓《すいくん》に於《お》いて教えたのであろうか。此《こ》れは最も科学的な相手に対する征服方法《せいふくほうほう》なのです。その結果は実に驚くべき結果があるのです。次に述べようとするのはその結果である。そのスタジオの有名なスターの夫であるところの次席プロデューサーが此《こ》のスターのためにシナリオの続きを書くようにチェーズに申し込んで来たのである。此のプロデューサーは自分の妻君《さいくん》の関係するあらゆる出来事に神経過敏《しんけいかびん》で色々の批評をする男なのである。チェーズはそれは仲々《なかなか》大変な仕事であると思ったが、「抵抗する勿《なか》れ」の真理を実践《じっせん》するために、それを素直にうけたのである。チェーズの心の中には古い格言《かくげん》が思い浮んで来た。「汝《なんじ》の最善を尽せ。しかし、その余《よ》は神に委《ゆだ》ねよ」此《こ》れは無抵抗を裏書《うらがき》するものであったのである。

彼は自分自身を忘れて、その映画の製作に没頭した。しかしあせりはしなかったのである。すると今までていめいしていた暗雲から一条の光がさして来た。そのプロデューサーがチェーズに向って言った。「君、君は素晴《すば》らしい卵だ、こんなすばらしい辛抱強《しんぼうづよ》い人を見たことはない。君と仕事をすることは全《まった》くうれしい。」やがて平和の中《うち》に二人の中《なか》に打ち樹《た》てられた互《たがい》の了解《りょうかい》の中《うち》に協力して出来上った作品は、すばらしい成功を収めたのである。やがて彼の作品は、このスタジオの最も有名なディレクターに認められた。このディレクターは勿体《もったい》らしく頭を掉《ふ》って、「これは小さな宝石だ。全《まった》く傑作《けっさく》だよ！」と讃嘆《さんたん》しました。こうして素直に与えられたものを無抵抗にうけとるとき自《おのずか》ら なる道が開けてくるのである。

五、突如として解雇《かいこ》されても

又ガードナー・ハンテング氏の著書《ちょしょ》には次のようなことが書いてある。それはニューヨークによいポジションをもっていた、ある小説の編輯者《へんしゅうしゃ》の話である。そのサラリーは今まで他所《よそ》で得たよりは大変高いサラリーであった。その人は郊外に住んでいたのですが、瀟洒《しょうしゃ》な気持のよい家に居て、美しい家具はあるし、近所の人は深切《しんせつ》であるし、文化的な友達が多くて、楽しい生活を送っていたのであります。その人の仕事は楽な仕事で、そして彼自身好きな仕事でありました。彼は有名であって尊敬せられていました。彼の前途の運命は上々吉《じょうじょうきち》の生涯《しょうがい》に定められていたかの如《ごと》く思われていました。彼が自分の作品をその雑誌にのせる機会を与えられた時にその作品は素晴らしくうけられ、大変な原稿料を支払われました。彼は全《まった》く新刊雑誌の売れっ子になり、誠に羨《うらや》まるべき人間だと彼自身も思っていました。

しかるに突如として青天霹靂《せいてんへきれき》の如《ごと》く、彼は彼の雇主《やといぬし》の発行者から、次の週からもうお前を解雇《かいこ》するという一片の通知をうけました。彼は自分の快適な仕事から追い出されたのです。彼の喜ばしいサラリーは停止せしめられ、愉快《ゆかい》な好ましい家は捨てなくてはならなくなりました。彼は深切《しんせつ》な知人や隣人と別れねばなりませんでした。この雇主《やといぬし》からの一片《いっぺん》の通知は彼に大変化を来《きた》した。それは彼には悪いニュースでありましたが、彼は必ず此《こ》れはよくなるはじめだと、彼はこの運命を素直に受けたのです。

彼は自分の住みなれたニューヨークを去らねばなりませんでした。田舎《いなか》の生活費の安い所へ移転し、とも角も著書《ちょしょ》により生活をやって行かねばなりませんでした。その収入は誠に微々《びび》たるものでありました。今まで諸方《しょほう》の雑誌に物を書いていましたが、段々原稿を買ってくれる人がなくなり、彼の生活は段々縮小《しゅくしょう》し、段々貧しくなって行きました。以前には高値《たかね》で買ってくれていたストーリーの原稿は編輯者《へんしゅうしゃ》から段々安く値《ね》ぎられ、時たま新聞雑誌にのる彼の作品に対する批評は悉《ことごと》く悪評ばかりでした。彼はその逆境《ぎゃっきょう》を無抵抗の主義で素直に受け、きっとよくなると信じていました。

六、それでも彼は感謝《かんしゃ》して受けた

彼は自分の仕事によいように郊外の片田舎《かたいなか》に住んでいましたが、そこには友達も出来てくるし、この困難《こんなん》な状態を切り抜けるのに都合のよい所であったというのは、生活費は安いし、色々興味あるストーリーの素材の豊富な所でありましたので、やがてここで面白いストーリーを書いて一旗《ひとはた》あげるつもりであったのです。ところがその町に一人の敵手《てきしゅ》が現われたのです。その人は町に有力な勢力をもっていて、彼に対してあからさまに悪意を示すようになって来たのです。そこで、この再起に好適《こうてき》な場所と思われていた町を引き上げねばなりませんでした。けれども彼はその悲しい運命をも素直に感謝《かんしゃ》の気持で受けました。

彼は又別の小さい町へ、そこから百マイルも離れている町へ移転し再び立上《たちあが》ろうとしました。しかし彼には面白からぬ運命が又してもつきまとうのでした。彼の書いたストーリーは全然売れませんでした。生活は愈々《いよいよ》窮迫《きゅうはく》するばかりでした。或《あ》る日、彼はその町の郊外で映画の製作をやっているプロデューサーに出合うことになりました。このプロデューサーは彼の様《よう》に編輯《へんしゅう》も出来、シナリオも書ける様な文筆家を求めていたのです。そこで彼は著作家《ちょさっか》として招聘《しょうへい》されました。その仕事は新規であり、興味があり、此《こ》れまでうけていたどんな著作家としての収入よりもすばらしい収入が得られることになりました。

七、悪いことが来るのは良くなる始めである

数週間の間、何事も順調に進んでいる様《よう》に見えました。ところが突然、或る日その映画会社の作品を配給《はいきゅう》していた会社との契約が切れ、その作品のことは継続されませんでした。そこで彼は再び解雇《かいこ》されることになりました。けれども彼は失望しませんでした。素直にその運命を感謝《かんしゃ》して受け、更《さら》に一層よくなる始めであると信じていました。

ところがその映画会社のプロデューサーが一通の紹介状をニューヨークの某《ぼう》映画会社宛《あて》に書いてくれたのです。その映画会社は有名な映画会社でした。突然彼の収入は増加し、彼の権威《けんい》は、彼の位置は益々《ますます》重要となりました。

一年たたない中《うち》に彼は嘗《かつ》て編輯者《へんしゅうしゃ》としてうけた最高のサラリーの二倍以上を得《う》るようになりました。三年経たない中《うち》に当時の三倍以上となり、年々歳々《ねんねんさいさい》その収入は増加

し、三年経《た》つと最初のサラリーの五倍以上のサラリーとなり、六年経った時には、小説雑誌の編輯者《へんしゅうしゃ》として解雇《かいこ》された時の十倍以上も収入のあるようになりました。

八、此《こ》の二つの例話《れいわ》の教える教訓《きょうくん》

そこで皆さん考えて下さい。この人にとって悪いニュースというのは一体どこにあったのでしょうか。もしこの人が前の小説雑誌編輯者《へんしゅうしゃ》としての職を解雇《かいこ》されなかったならば、彼はニューヨークの郊外に移転しなかったのでありましょう。そこに彼に対して悪い感情を抱《いだ》いた人が出て来てくれなかったら、彼は次の映画作品製作会社に傭《やと》われなかったでありましょう。その作品製作会社が作品の配給会社と契約解除《けいやくかいじょ》にならなかったら、彼は次なる映画会社に傭《やと》われることはなかったでありましょう。考えて見まするに、すべては尚一層《なおいっそう》よくなるために神が導いていられることを見出すのです。

それは唯偶然《ただぐうぜん》と思われるかも知れませんが、それはすべて偶然ではありません。自分の周囲に出て来るところのすべてのものを自分を生かす神の深切《しんせつ》なる導きとして感謝《かんしゃ》して受ける時、すべてのものは好転してくるのであります。子供の教育もやはりそれと同じことがあるのであります。子供に現われるどんな悪《あ》しき状態でも結局それは、よくなる外《ほか》仕方がないところの神の導きであると信じてその実相《じっそう》を拝んで居《お》れば、きっと子供はよくなるのであります。一見《いっけん》悪と見えることも決して悪と見てはいけません。そのますなおにそれをうけて、きっとよくなる始めである、神の造り給《たま》うたこの世界には決して悪はないのである、神の造り給《たま》うた人間は必ずよくなるより外《ほか》に仕方がないのであるとすなおに信じて拝んで行けば、如何《いか》なる境遇《きょうぐう》でも運命でも子供でも全部よくなるより仕方がないのであります。

第七章　生命の河《かわ》の四つの寓話《ぐうわ》

一、小川と狐《きつね》と鳥との寓話《ぐうわ》

ある所に小川が流れていた。一匹の狐《きつね》が小川へ水をのみにきたのである。何時《いつ》もにこにこ笑っているようにさざなみを立てている小川が今日《きょう》はどうしたものか、にこにこしないで何か沈みきった気持で重々しく流れているのであった。

「小川さんあんたはいつもにこにこしているのに、今日《きょう》はどうしてにこにこしないのですか、そしていつものようにいい声で、せせらぎの歌をうたわないのですか」とききました。

「だって何も愉快《ゆかい》なことありゃしないから歌なんてうたえるものですか」と小川はふさぎこんだ顔つきで答えるのだった。

「だって君は前にはいつも笑っていたじゃないの、今日《きょう》に限って何故《なぜ》そんなにふさぎこんでいるんだい」と狐《きつね》は尋《たず》ねました。

「実はさっき一羽《いちわ》の鳥がやってきて僕《ぼく》にこういったよ。君の運命はもうおしまいだ。小川はなくなって、もうしばらくの中《うち》に大川《おおかわ》になってしまう。そしたら君など小川なんてものはもうありゃしないよ」

「ほう、それが君の心配の原因か」と狐《きつね》は智慧者《ちえしゃ》らしい顔をして笑いました。

「君の考えはまちがっているよ、君は間もなく大川《おおかわ》にそそぎこむのだ、君がなくなって大川《おおかわ》ができるんじゃないんだよ。君は大川《おおかわ》に成長するんだ。君はだんだん広くなってくる。そしてだんだん深くなってくる。君はやがて広々とした、そして無限に深い海になるんだよ。君が海になるんだよ。何が悲しいことがあるか。うれしいばかりじゃないか」

これはお伽噺《とぎばなし》であるが、人間の生命というものはこの小川の如《ごと》きものである。広いとか深いとか大きいとか小さいとかいうのは、川そのものではなくしてその外の形のみについていうのである。堤《つつみ》と堤《つつみ》との間がせまければ、それを小川というのであり、堤《つつみ》と堤《つつみ》の間が広ければそれを大川《おおかわ》というのである。それは物質的外部構造《ぶっしつてきがいぶこうぞう》のことであって、中を流れる生命の水のことではないのである。吾々《われわれ》の生命は神の無限生命が流れているのである。吾々《われわれ》は神と一体の生命を自覚することが必要である。それを自覚するためには、静かに坐《ざ》して「神の無限生命、吾《われ》に流れ入《い》って吾《わ》が生命となる」ということを常に念ずるようにする必要があるのである。これをブラザー・ローレンスは「神の実在《じつざい》を行《ぎょう》ずる」というような言葉でいい現わしたのである。しかし神の実在を行ずるのは、単なる黙想《もくそう》又は神想観《しんそうかん》ではないのである。それは神の実在を日常生活に行ずるところの毎日の実践《じっせん》とならなければならないのである。もし吾々《われわれ》が神の智慧《ちえ》が流れ入《い》って神の如《ごと》く聡明《そうめい》であるということを自覚するならば、本当に吾々《われわれ》はかくの如《ごと》くなり得《う》るのである。もし吾々《われわれ》が「神の力が流れ入《い》ってわが力となる」ということを自覚して日常生活を送るならば、日常生活そのものが神の実在を行《ぎょう》ずるということになるのである。

二、博士《はくし》と大臣との対話の寓話《ぐうわ》

　ラルフ・ソックマン博士があるスコットランドの大臣との対話を真理の証《あかし》として語った事がある。その法話《ほうわ》の中で博士は、キリストの教えの中でもっとも重要な教えを総《すべ》ておうところのものとして所謂《いわゆ》る「黄金律《おうごんりつ》」を信ずるものである、ということを話したのであった。黄金律とは――？

「もし私が善良な清らかな生活を送って隣人《りんじん》に対して自分に対してなされたいと思う通りにしてやるならば、私は他《ほか》の何人《なんぴと》がなすよりもより多くのよきものを人生から得《う》ることができるにちがいないことを信ずる」と、ソックマン博士はスコットランドの老大臣にいったというのである。

「あなたは神さまにぴったり近づかねばならぬとお考えになりませんか。あなたは静かなる神との交通に於《お》いて、宇宙の魂とあなた自身の魂とが融《と》けこむことによって再びよみがえるところの大いなる霊的力《れいてきちから》を御体験になったことはありませんか」と大臣はきいた。

「いいえ私は決してそんな経験をもったことはありません。しかし私が、キリストが吾々《われわれ》にしなければならぬと教えた道を生活している限り、それに何のちがいがあるでしようか」

とソックマン博士《はくし》は答えたのだった。

大臣はしばらくだまって考え深そうに一瞬の間ストーブの火を見つめていたが、体をかがめると手を伸ばしてその側《そば》にたてかけてあった火箸《ひばし》を手にとった。大臣は白熱して燃えていた一片《いっぺん》の石炭を小箸《こばし》でつまみだして、それをストーブの外にあるブリキの火皿《ひざら》の上においた。そして黙ってそれを見つめていたが何もいわなかった。ソックマン博士は、やはりそのとりだされた石炭の塊《かたまり》をだまって見つめているのだった。やがてその石炭の塊《かたまり》は白熱《はくねつ》から赤熱《せきねつ》に変り、やがて灰色の燃え滓《かす》のようになって消えてしまったのであった。

「この通りですわい」と大臣はいった。「吾々《われわれ》は吾々《われわれ》の生命の本源からはなれてしまったら生命の火が消えてしまうんです」

この話でもわかるように吾々《われわれ》はただキリストの教えを「吾《われ》にせられんと思うが如《ごと》く他《た》に対してなせ」という黄金律《おうごんりつ》を行うだけでは尚《なお》足りないのである。一人はなれて熱を他《た》に対して与えているだけでは自分の火が消えてしまうのである。吾々《われわれ》が火で隣人《りんじん》をあたためてやるためには、まず自《みずか》ら生命の火の本源と一つになって他《た》を温《あたた》めなければならないのである。これが是非《ぜひ》とも他《た》に与えんがために要する本源を保つために必要なことなのである。心から吾々《われわれ》は常に宇宙大生命と通ずる生命であると自覚しなければならないのである。

三、紙と人間とライオンの寓話《ぐうわ》

「ユニティ」の一九四八年十月号の週刊誌にこんな話が書いてある——紙の上に一方に人間を書き、一方にその人間に飛びかかろうとしているライオンが描いてあるとする。人間を善であるとし、ライオンを「悪」であるとする。しかし、本来「人間」もなければライオンもないのである。善もなければ悪もないのである。それはただ同じ紙の上に描《か》かれたる絵にすぎないのである。鉛筆で描いた輪郭《りんかく》を消してしまったらライオンも人間も結局同じ本質の紙にすぎないのである。そこで人間がもしライオンの外形を見るならば恐ろしいかもしれないけれども、そのライオンの本質を見てライオンにこういえばいいのである。

「私は紙である。君も又紙ではないか。ライオンなんて存在しないのである。自分の生命と君の生命とは本来一つのものである。だから私は君を恐れたりなどしないよ。君と私とは本来一体なのだから君は君自身を害《がい》することはないし、又私は私自身を憎《にく》むことはないのだ」

こうわかってしまえば、世の中に恐ろしいものはないのである。すべて世の中に現われている形は吾々《われわれ》が「想念《そうねん》」でその輪郭《りんかく》を描いたところの影にすぎないのである。そしてその本質は皆神の生命であるから、互《たがい》に害し害されることはないのである。この真理を知れば如何《いか》なる場合にも恐《おそ》るることはないのであり、あらゆる難問《なんもん》も解決され、恐《きょう》怖《ふ》、憎み、嫉妬《しっと》、猜疑《さいぎ》等《とう》の如《ごと》き悪感情は悉《ことごと》く消えてしまうのである。そして一つの兄弟であると感謝《かんしゃ》できるはずである。この真理をしることが即ち「汝《なんじ》は真理をしらん、真理は汝《なんじ》を自由ならしめん」とのキリストのいい給《たま》いし所以《ゆえん》である。あらゆる人生の善と福との実現すると否《いな》とは、この真理を知ると否《いな》とによって別れるのである。

四、無形のものにも価《あた》いを払わねばならぬ

或《あ》る所に一人の叔父《おじ》があった。そして小さな町に印刷所を開いていました。その印刷機械はガソリンモーターで運転する様《よう》になっていましたが、その叔父《おじ》はそのモーターについて何らの知識ももっていないのでした。その叔父《おじ》の住んでいる町にはたった一人の機械技師《きかいぎし》があってそれ以外のものはそのモーターの構造を少しも知らないのでした。その機械技師は自分の独占的知識をよいことにしてモーターの修理の時には法外《ほうがい》な賃金を要求するのでした。ある日そのモーターに故障《こしょう》が起ったので、仕方なくその技師をよんで修繕《しゅうぜん》せしめますと、たった五分間で修繕を終りました。そして叔父《おじ》に「修理費五十ドル也《なり》」を請求致《せいきゅういた》しました。叔父《おじ》は五分間五十ドルとは無茶な値段だというのでかんかんになってその機械技師の所へでかけて行きました。

「君はまるで泥棒《どろぼう》だぞ、たった五分間しか働かないじゃないか。いくら高く見積っても一分間一ドル以上の請求《せいきゅう》をするのは法外《ほうがい》だ、この請求書《せいきゅうしょ》をかき直しなさい」

「よろしうございます。それは机の上へ置いといて下さい。又明日《あす》請求書をかき直してもってまいります」とその技師は極めて静かに答えて下《さが》ったのでした。

翌日になると、叔父《おじ》は新しい請求書を受け取った。みると「一金五ドル也《なり》、工賃《こうちん》。一金四十五ドル也、モーターについて知る費用。合計五十ドル也」

叔父はその請求書をみて一言《ひとこと》も文句は云《い》えなかった。働くばかりが価値があるのではないのである。「知る」ことに価値があるのである。モーターの故障《こしょう》を知るためにはそれまでにどれ程《ほど》の努力と労苦と費用がかかっているかわからないのであって、多くの人は肉体的労働だけを見ているが、「知る」ことなしに盲動《もうどう》していても、何の効果もあがらないのである。「知る」ということはたしかに力でありたしかに価値があるのである。

アラジンがいくら魔法のランプをもっていてもそれをどうすればその魔術的力《まじゅつてきちから》で欲《ほっ》するものがでて来るかということを知らなければ何の価値もないことである。その不思《ふし》議《ぎ》な力をよびだすのには「知る」ということが必要なのである。吾々《われわれ》も真理を「知る」ということによって不思議《ふしぎ》な力をあらわすのでありまして、これをただ書籍《しょせき》の印刷代と紙代とに見積《みつも》ってはならないのであります。そこに物質《ぶっしつ》以外のものに対する感謝《かんしゃ》の心がなければなりません。

五、祈りの聴《き》く、きかれぬについて

宗教を信じ、神を信じ、神に祈り求めていながらその祈りを成就《じょうじゅ》することができない場合に注意しなければならないのは、人を赦《ゆる》していない場合が多いのであります。祈りがきかれないのは実は自分が神の霊波《れいは》と波長が合わない心をおこしているからである。キリストは主《しゅ》の祈りに於《お》いて「吾々《われわれ》が人の負債《ふさい》を赦《ゆる》すかの如《ごと》く、吾《わ》が負債をも赦し給《たま》え」と祈れと教えているのであります。もし吾々《われわれ》が人のあやまちを赦さず憎む心をもちつづけているならば、吾々《われわれ》の祈りがきかれないのも無理はないのであります。その実例は日本にも沢山あります。例えば大垣で生長《せいちょう》の家《いえ》の講習会(註・編著者による講習会。海外・国内合わせて二千回以上に及び、受講者三百万人をはるかに超えた)があった時に、飛田給《とびたきゅう》の生長の家道場へ来て練成《れんせい》(註・生長の家の教えを学び、光明生活法を実践する合宿行事。東京都調布市飛田給の練成道場から全国に広まった)を受けた青年がこういう体験談を発表せられたことがあります。彼はエディプス・コンプレックス(註・精神分析学で父親に対抗する男の子の心理をいう。ギリシア悲劇からとられた)に陥《おちい》って父を激しく憎《にく》んでいた。すると父は妾《めかけ》を一時に三人も拵《こしら》えているので益々《ますます》憎んでいました。飛田給の練成会へ来て、父が他《た》に愛情を求めるのは自分が父を愛しないからで、父を憎む心をすてる様《よう》に教えられた。そして私は父を絶対憎むまいと決心した。心では赦《ゆる》す気持になっていたのである。ところがどうしても父の前へでるとぴったりしないし、又どうしても父を尊敬する深い愛情がわいて来ない。従って父の妾《めかけ》ぐるいは止《や》まないのである。そこで再び飛田給の練成会へ来た時に練成担当の徳久克己《とくひさかつみ》博士《はくし》に、

「どうしたら父と調和できるであろうか」ときいてみた。すると、徳久さんは、

「それは君父を赦《ゆる》さなければいかん。」といわれた。

「赦《ゆる》しているんですが。」

「赦《ゆる》している積りでも潜在意識《せんざいいしき》の底では赦《ゆる》していないんだよ。もっと深く赦《ゆる》すことだ、潜在意識の底から赦《ゆる》すことだ。そのためには祈りの室《へや》へ行って、

『私はあなたを赦《ゆる》しました。あなたも私を赦《ゆる》しました。あなたと私とは神に於《お》いて一体でございます。私はあなたを愛しております。あなたも私を愛しております。あなたと私とは神に於いて一体でございます。私はあなたに感謝《かんしゃ》しております。あなたも私に感謝しております。お父さんありがとうございます。お父さんありがとうございます』

とこう心の底深く念じて神想観《しんそうかん》をやんなさい」と教えられた。

それからその青年は飛田給《とびたきゅう》の練成会《れんせいかい》に参加した期間中毎日一回は祈りの室《へや》へ入ってそのように念ずることにしたのでした。すると此《こ》の青年が練成を終えて帰郷《ききょう》して家に帰った時、その長い間不調和であった父が、息子であるその青年を、上座《じょうざ》の床《とこ》の間《ま》に坐《すわ》らせ

て、自分は下座《しもざ》に坐って、父は両手を畳《たたみ》の上について低頭《ていとう》して、「いままで、わしが悪かった。心得《こころえ》ちがいをしていてすまなかった」といって涙を流して真実溢《あふ》れて息子に詫《わ》びるのでした。青年も「お父さん僕が悪いんです、赦《ゆる》して下さい」といって、こみあげる涙と共におわびをしたというのである。それ以来、同君の家庭は天国浄土《てんごくじょうど》のような温《あたた》かい春風駘蕩《しゅんぷうたいとう》の家庭になって、いつとなく三人の妾《めかけ》も解消したというのであります。

六、単に赦《ゆる》すだけでは足らぬ、感謝《かんしゃ》しなければならぬ

天地一切のものに和解するという事は、ただたんに表面の心で、自分は彼を赦《ゆる》しているというような浅い赦《ゆる》しようでは足りないのであります。詳《くわ》しくいえば、赦《ゆる》すなどという観念《かんねん》がすでに相手の悪をみとめていることになっているのであって、それでは、すべての人間を吾《わ》が子として愛し給《たま》う神の霊波《れいは》に波長が合わないのである。心の隅《すみ》のどこか

にでも、誰《たれ》かが自分に悪意をもっているとか自分に害《がい》を与えるとかの考えを捨てることができないでいる限りは、神の創造に何かまだ不完全があると信じているということになっているのであるから、それはまだ神と完全に和解しているということができないのである。祈りがきかれる為《ため》には神と和解しなければならない。神と和解するためにはこの世の中に、赦《ゆる》すべき必要があるような人間をまだかつて神は造り給《たま》うたことがないという深い信念にまで到達しなければならないのである。

もし「赦《ゆる》さねばならぬ人間」が自分の目の前に現われていて消えないとするならば、それは、神がかくの如《ごと》き人間を造ったのではなく、自分がまだ神の造り給《たま》うたこの世界にそんな不完全な人間があるという迷《まよ》いをもちつづけている証拠《しょうこ》であるから、間違《まちが》いは自分の方《ほう》にあるのであって、神の創造に間違いがあるのではないのである。だから吾々《われわれ》は相手を赦《ゆる》すどころか自分を赦《ゆる》し給《たま》えと祈らなければならないのである。「神よ、吾《わ》が信仰《しんこう》浅きを赦《ゆる》し給《たま》え」と祈ったイエスの弟子《でし》のように、「神よ吾《わ》が信仰うすきを赦《ゆる》し給《たま》え、あなたのお造りになりましたこの世界には不完全なものはないのであります。あなたの造り給《たま》いしそのままの完全なる世界が、どうぞ私の目にみえるようにして下さいませ」と祈ってから、しばらく黙《もく》して「神の無限の智慧《ちえ》が流れ入《い》って来て一切の悪とみえるものが自分の目の前には消えてしまった」と念じて感謝《かんしゃ》をもってその祈りを終るようにすればいいのである。

第八章　神から叡智《えいち》を受けて行動せよ

一、神の電源に直結せよ

焼《や》け跡《あと》に新しく建《た》った住宅に、急に電灯線《でんとうせん》がつかないので付近の電灯線から支線《しせん》を出して自分の家に電灯をとぼすことにして貰《もら》ったが、一定容量以上の電流が来ないので、どんな大きな電球をつけてみても部屋の中が薄暗《うすぐら》くて困る日があったのです。トランスフォーマー（註・変圧器のこと）が小さい上に、隣家《りんか》は電熱器《でんねつき》をしきりに使うものですから電熱器に電流をくわれてしまって、その人の家へ送られて来る電流は極めて少量しか来ないのでした。ところが最近別にトランスフォーマーをつけてもらって、そこから直接電流の来るように工事してもらったら、急に部屋がぱっと明るくなり、どの部屋の隅々《すみずみ》にまでも照り輝いて家庭そのものが明るくなってしまったのです。これはユニティにある焼け跡の仮住《かりずま》いの例話《れいわ》であるが、とかく人からわけて貰《もら》っている少ない智慧《ちえ》では自分の家全体は本当には明るくはなりきらないものなのである。

何でも問題が起る毎《ごと》に、先輩に指導を求めたり先生の智慧《ちえ》をかりるような人達は、人の家の電流から支線を出して電流のおこぼれを頂戴《ちょうだい》しているのと同じことなのでありまます。全然役に立たないということはないが、すばらしく明るく自分の智慧《ちえ》が照り輝くということはないのであります。問題が起ったら自分がこれを解決するよう努力することによって本当に自分の智慧《ちえ》がまして来るのであります。自分の智慧《ちえ》がましてくるといっても、実は神に直接電線をつないでその智慧《ちえ》を頂くのであって、「自分の智慧《ちえ》」などというものはないのである。ただ私がいいたいのは、我《が》を通さずして、自分を神に直通せしめて智慧《ちえ》を頂くということである。

二、実践《じっせん》を通して信仰《しんこう》も能力も伸びる

どんな人間でも自分が直接努力しないで熟達《じゅくたつ》するということはあり得ないのである。他《た》の人が上手《じょうず》にピアノをひいているのを見るだけでは、そしてそれをひく方法を教えてもらうだけでは、ピアノに熟達するものではないのであります。人間が神の智慧《ちえ》を受けるということも他の人が受けた智慧《ちえ》を教えてもらっているだけでは、いつまでたっても自分の智慧《ちえ》は完全に発現《はつげん》しては来ないのである。肉体的作業も、精神的な作業も結局それを実践《じっせん》することを通してより一層完全にその働きを発揮することができるのである。修練《しゅうれん》を通して人間は強くなり、その動作が確実になり、その仕事の精密度《せいみつど》がまして来るのである。それはちょうどよく研《と》いだ鉋《かんな》で仕事をすれば速《すみや》かに板がけずれて滑《なめ》らかな平面になるのと同じことであります。

鉋《かんな》は研《と》がなければなりません。鉋《かんな》には銹《さび》はないと念じてさえおれば研《と》がないでも銹《さび》はとれると信ずるものがあればそれは迷信であります。誰《たれ》でもそんな愚かなことをするものはないでしょう。しかし肉体の場合になるとどんな物質的操作《ぶっしつてきそうさ》をもしないで『ただ自分は健康である』と念ずるだけで健康になると信じている人がありますが、それが極《きょく》端《たん》すぎることは鉋《かんな》の場合と同様であります。こう云《い》いますと、ある読者は、「そんな物《ぶっ》質的操作《しつてきそうさ》をして健康にするなどは二元的《にげんてき》である、生長《せいちょう》の家《いえ》は心の力によって肉体は無論のこと運命さえも支配し得《う》るのではないか」と質問せられるかも知れません。

根本的に云《い》うならば、すべては心の現われであるから、心の支配によって肉体も健康になり運命も好転するのは無論のことである。しかし心に描いた完全さが現実に現われる場合には、必ず一種の「智慧《ちえ》の導《みちび》き」となって現われ、中《なか》から促《うなが》す衝動《しょうどう》となって行動化して来るのである。その行動化を抑《おさ》えてはならない。その智慧《ちえ》の導きにすなおに従って肉体を動作する時、自然に物事《ものごと》が成就《じょうじゅ》するようになるのである。吾々《われわれ》は電熱器《でんねつき》にスイッチをひねって電流に直通せしめてさえ置けば御飯《ごはん》がたけるというわけではないのである。その電熱器《でんねつき》の上に米と水とを入れたお釜《かま》をかけて置く動作が必要なのである。これが即ち物質的操作であって、その物質的操作も、「智慧《ちえ》」の教えるところであって、やはり神の導きであるのであるが、すべての物質的操作を排除してしまって、鉋《かんな》を研《と》がずお釜を電熱器にのせず、ただ思念《しねん》するだけでただ電流を通ずるだけで物事《ものごと》が成就《じょうじゅ》すると考えるのは、余りに極端な迷信になってしまうのである。

三、行動は自覚の深まるに従ってあらわれる

物質本来なく、肉体本来なく、ただ物質も肉体も「心の影」であるということがわかれば肉体を動かすことも、鉋《かんな》を研《と》ぐことも自然それは心の影であって、ちょうどモーターに電流を通じてモーターが回転する姿は、実は電流の働きであって、物質の働きでないのと同じことである。すべての肉体的動作が不要なのではないのであって、迷いによ

ってふらふらする支離滅裂《しりめつれつ》な動作が不必要なのである。本当に必要なのは神の智慧《ちえ》の電流で回転せしめられるように、必要に応じて自在に行動し動作するところの操作は是非《ぜひ》とも必要なのである。そのような肉体的運動さえも不要であると考えるような極端者《きょくたんしゃ》はともすれば迷信者《めいしんじゃ》として世間から排斥《はいせき》せられる惧《おそ》れがあるのである。

四、実践《じっせん》は自覚を深め、自覚は実践を促《うなが》す

ともかく吾々《われわれ》はいつも他《た》の人から導かれているばかりでは偉大なる仕事はできないのである。それは手を握《にぎ》ってもらってお習字《しゅうじ》をする時代のことである。手をはなしてもらって自分で自分の習字をする様《よう》にならなければ本当に文字をかく練習もできないのである。直接自分の手の中に働く神の導きを感じて字をかく時ほんとに良き字が書けるのである。キリストの弟子《でし》は、キリストが生きている間はそれ程偉大なる奇蹟的行績《きせきてきぎょうせき》を演

じなかったのである。しかしキリストが昇天して後《のち》、パウロもペテロも驚くべき奇蹟的《きせきてき》力《ちから》を実現したのは何故《なぜ》であるか。それは彼らが神を直接の先生とせず、人間を通じて導きを得ている限りに於《お》いては、隣《となり》のトランスフォーマーからその支線をつないでもらっているようなものであって、本当の光輝燦然《こうきさんぜん》たる光が輝かなかったからである。吾々《われわれ》が神以外の何ものにも頼らなくなって、神自身と直接対決することができるようになった時、そこに始めて如何《いか》なる問題にぶつかっても驚かない自分となることができるのである。すべての困難《こんなん》は、人間の先生に頼ることなく、神さまなる先生に直結して神の智《ち》慧《え》を頂いて、それを実際生活に実践《じっせん》するようにすることによってのみ、自分の力の増加と進歩とがあるのである。神想観《しんそうかん》によって神に直結し、しかしてその智慧《ちえ》の導きに従って実際生活に行動せよ。これが正しき道である。行動のない想念《そうねん》は何事をも実現することはできないのであります。

第九章　先ず心に光を点《てん》ぜよ

一、自分の心は神の愛の王座《おうざ》である

人間は誰《たれ》でも健康と成功を望まない者はないのである。しかしそれは如何《いか》にしたら得られるであろうか。キリストはこれに対して「先ず、神の国と神の国の義《ただ》しきを求めよ。」と教えたのであります。

しからば神の国とは一体何であろうか、何によって構成されるのであろうか。神の国の正しきとは一体何であろうか。それは人々に対して愛深きこと、深切《しんせつ》なこと、そして寛大《かんだい》なることであろうか、教育に対して什一税《じゅういちぜい》をおさめることであろうか、教会の礼拝に参列することであろうか。或《あるい》は隣人《りんじん》から求められるところの何事にも奉仕することであろうか。

神の国についての説明は今までも、幾多《いくた》の人々について書かれて来たのであるが、尚その定義は確定していないのである。しかしこの定義こそ、あらゆる真理の理解の基礎となるところのものである。ダナ・ガトリン女史はこう云《い》っています。

或《あ》る時私は精神統一に関する論文を書いていたのであるが、その時自分は心は自分の支配下にあるのであると云《い》うとてもすばらしい発見をしたのである。従って自分の心の中にあるところの想念《そうねん》に対しては自分が絶対責任《ぜったいせきにん》があると云《い》うことを知ったのである。やがて自分の心は、神様の愛の王座《おうざ》であるということに気がついたのであった。私自身の性格を変化し拡大しそれを鞭打《むちう》ち祝福し給《たま》うべく神自《みずか》らの愛をつつみ給《たま》うのは人間自身の心の中に於《お》いてであるということが解《わか》ったのである。誠にも人が神をしり神と共に生きるのはその魂の奥深い所に於《お》いてであることを知ったのである。私の魂の奥深い所にはすべての恩寵《おんちょう》と祝福との源泉《げんせん》である神の愛の王座《おうざ》があるのである。それこそ自己に宿る天国であると知ったのである。

二、神の国は汝《なんじ》の中《うち》にある

イエスはこの神の国を指して神の国はここに見よ、彼処《かしこ》に見よと云《い》うにあらずして、汝《なんじ》の中《うち》にあると喝破《かっぱ》したのである。彼は又それを一個の芥子種《からしだね》にたとえて吾々《われわれ》の心の中《なか》にそれが植えつけられたならば一大樹木《いちだいじゅもく》にまで成長する力をもっているのであると教えたのである。時には、又それをパン種《だね》にたとえを以《もっ》て教えたのである。それは、自己の中《うち》に宿《やど》されていて、それを適当に培《つちか》いさえすれば、無限に伸びて行く力のあるものだと云《い》う意味である。またイエスは神の国は手のとどく所にあると教えたのである。「求めよ、さらば与えられん、叩《たた》けよさらば開かれん」と教えたのである。しかもそれを見ることが出来るのは肉の眼ではなかったのである。彼は又「人新たに生れずば、神の国を見ること能《あた》わず」とも教えているのである。しかし、新たに生れるとは如何《いか》なる事であろうか。ニコデモが「師《ラビ》、人はや老いぬればいかで生れることを得《え》んや、再び母の身体《からだ》に入《い》りて生《うま》るることを得《え》んや」と問うた時にイエスは「まことに誠に汝《なんじ》に告ぐ、人は水と霊によりて生れずば、神の国に入《い》ることを得《え》ず、肉に生《うま》るるものは肉なり、霊に生《うま》るるものは霊なり、新たに生《うま》るる人、吾《わ》が汝《なんじ》に云《い》いし事をあやしむな」と云《い》っているのである。又彼は「汝等《なんじら》の天の父は汝《なんじ》らに神の国を与えんことがその願いなり」とも云《い》っておられるのである。

三、神の国の構成要素

かかる神の国は、神は霊であるから霊波《れいは》によって構成せられている国に相異《そうい》ないのである。吾々《われわれ》が肉眼で見る世界が、物質《ぶっしつ》の波によって構成せられているに反して、それは霊の波によって構成せられているのであるから、ラジオの異なる波長が同一空間をしめながらも決して重なり合わない如《ごと》く、又互《たがい》に混合してしまわない如く神の国は今ここの場所にありながら物質《ぶっしつ》の世界には、目に見ることが出来ないのである。それは霊の領域《りょういき》であり、今ここに吾々《われわれ》は神の国を自己の中《うち》に内在《ないざい》せしめながら、肉眼に於《お》いては物質の世界に住んでいるのである。吾々《われわれ》はしかしながらいつまでも五官《ごかん》（註・眼・耳・鼻・口・皮膚の五つの感覚器官）の領域のみ心をとらわれていてはならないのである。吾々《われわれ》は生命の奥底を凝視《ぎょうし》して今ここに神の国のあることを自覚しなければならないのである。それを称《しょう》してキリストは「神の国は汝《なんじ》の内にあり」と云《い》ったのである。

吾《われ》らが自己に内在《ないざい》する神の国を自覚し、その完全さを心に常に描き又感謝《かんしゃ》するようになるまでは、内部の神の国は外に実現しては来ないのである。それまでは吾々《われわれ》はいろいろの悩みや苦しみや不幸の餌食《えじき》となるほかないのである。

四、神の国を自覚した者に思い煩《わずら》いはない

キリストは「汝《なんじ》ら思いわずらうこと勿《なか》れ」と教えているのである。思いわずらうと云《い》うのは自己の生命の内部に、今あるところの神の国を自覚しないからである。ある人はこう云《い》って告白しているのである。「私の最もたしかに知っている事は心配したからとてどんなによい所へ出られるというわけでもないということである。吾々《われわれ》が心配している限り何事も好転することはないのである」といっているのである。その人は過去に於《おい》ては病気貧乏その他あらゆる不幸にさらされていたのであるが、光明思想《こうみょうしそう》にふれて今や最も成功せる最も勇《ゆう》かんなる最も幸福なる最も楽天的《らくてんてき》な人となっているのである。彼がかくなり得たのは、自己の神を見出したからであり、神と共に語り、神と共に行動する方法をしったからである。彼は即ち、自己の内に宿《やど》る神の国を見出したのである。そ

の神の国が自覚に従って実現しつつあるのである。

まず心に光を点《てん》ぜよ。自分の住んでいる世界から暗黒をなくしようと思うならば、吾々《われわれ》は火を点ずればよいのである。心の中に火を点ずるときは自己の意識の中《なか》にひそんでいる暗黒思想《あんこくしそう》、消極思想《しょうきょくしそう》及びすべて否定的な思想を除去《じょきょ》して、神の方《ほう》へくらりとその思いを一転することである。そして神は到《いた》るところにいましたまい又全知全能《ぜんちぜんのう》であって、無限の愛を以《もっ》て、わが求めるものを与えたまうのであると知ることである。知ることは現われることである。神の存在《そんざい》を知り神の愛を知り神の恩寵《おんちょう》を知り神の常にここにいましたまうことをしることは神の全能《ぜんのう》を愛を恩寵《おんちょう》を今ここに実現する道なのである。吾々《われわれ》は神の無限に賢《かしこ》き智慧《ちえ》に導かれ愛に守られ体のあらゆる部分を完全に健康ならしめたまい生活の万般《ばんぱん》に於《お》いて祝福を与えたまうことを信じなければならないのである。

五、他を祝福する者が祝福せられる

もはや自己の中《うち》にましますを自覚するとき吾等《われら》は何ものをも恐れる必要はないのである。ここに神の国はあるのであるから、自分をにくむ人も自分がにくむ人も存在《そんざい》しないのである。吾々《われわれ》を恐怖《きょうふ》するところの不幸も存在《そんざい》しないのである。ここにあらゆる病《やまい》があらゆる悩みがその力を失ってしまうところの神の国が存在するのである。神の全能《ぜんのう》の善なる力の前に如何《いか》なる悪の存在があり得ようか。神は決して一切の悪と一切の悩みをゆるし給《たま》わないのである。

このすばらしき神の前に汝《なんじ》自身のすべてを投げ出せ、神の光を今心行くばかり豊かに受けよ。あらゆる不幸は消尽《しょうじん》してあなたの前にはないのである。これこそが中《うち》にある神の国が外にまで実現したのである。

かくの如《ごと》き神にみたされた境地《きょうち》に於《お》いて吾々《われわれ》は悩める人々に対して次の如《ごと》く思念《しねん》して云《い》うべきである。

吾《われ》は汝《なんじ》を智慧《ちえ》と勇気と力とを以《もっ》て祝福す
吾《われ》は汝《なんじ》を神の導きと守りと光栄とを以《もっ》て祝福す
吾《われ》は神のよろこびと歓喜《かんき》とを以《もっ》て祝福す
こうして他《た》を祝福するとき又自分も祝福されるのである。

あなたが自己の中《うち》に内在《ないざい》する神の国から平和と愛と健康と喜びと神の国の豊《ゆたか》さとを輝き出す時祝福の放射線はあなたの中《うち》より流れ出て、外にまで顕現《けんげん》するのである。祝福する者が祝福されるのである。与える者が与えられるのである。あなたの目を高く神の祝福にまで上げよ。その目をふりかえりてあわれなる人々を祝福する光を送れ、宇宙に存《そん》在《ざい》するあらゆるよきものは神の国より流れ出て、あなたの周囲に彼の周囲に、彼等《かれら》の周囲に到《いた》る所に満ちあふれるにちがいないのである。そして黙示録《もくしろく》の第二十一章に説くが如《ごと》く、新しき天と新しき地とが現われて来るのである。そして、今より後《のち》、死もなく、悲しみも、叫びも苦しみもなき世界が実現して来るのである。

なんという荘厳《そうごん》なることであろう。この荘厳に比《ひ》すべき何ものも、この世に存在《そんざい》しないのである。この「神この世の終りまで吾汝《われなんじ》らとおらん」とキリストは云《い》っているのであるが永遠に今神の国はここにあるのである。

第十章　光を点《とも》して持続せよ

一、人は自分の置いた位置の椅子《いす》に躓《つまず》くのである

こんな話があります。その人は、ある暗い晩書斎《しょさい》へ参考書をとりに入って行ったのでした。それはいつも自分の机の上に一定の位置に置いてあるので、別に電灯《でんとう》をともさないでも手さぐりですぐその辞書《じしょ》がどこにあるかを発見することができるはずでした。例の通り電灯をつけないで書斎に入っていった時に自分につきあたる何ものかがあって急に彼はたちどまった。手でさわってみるとそれは椅子《いす》なのである。

「こんな所へ椅子をおきやがって」と彼は一時腹が立ったが彼は急にばからしくなり笑いたくさえなって来るのでした。それは椅子が悪いのでも誰《たれ》が悪いのでもない、自分がそれを出したまま片づけるのを忘れていたのだと気がついたからでした。そこでその椅子をあるべき所へおき直してそして参考書をとって来たのであります。

この実話はいろいろいいことを教えてくれます。吾々《われわれ》が何ものかにつまずくのは光をともしていないからであります。光に照らしてあらゆるものを整理して置けば、暗がりで歩いていても躓《つまず》くなどということはないのである。大体躓《つまず》くものは誰《たれ》がおいておいたかといえば他《た》の人が置いたのではなく自分自身の不注意な心の結果であるのである。誰にも他《た》の人々は責任があるのではなく自分の心さえ神の光に導かれて日常生活さえ整《せい》頓《とん》して置きさえすれば問題はないのである。ところが吾々《われわれ》は時々神の光からはなれて愛にそむいたような人の心を痛めるような激しい言葉をはきかけて、そして自分に対する敵対者《てきたいしゃ》をふやして行くのである。もっと寛大《かんだい》でありさえすれば問題にならなかった事《こと》柄《がら》を余りに自分の偏狭《へんきょう》な心から問題を起して吾《われ》と吾《わ》が手で苦しむことになるのである。すべて神の愛にそむいた行《おこな》い、利己主義、憎《にく》み、怒り、恐怖《きょうふ》等《とう》は暗《くら》がりの人生の中に神の光をともさないで吾々《われわれ》が置きはなちにした障碍物《しょうがいぶつ》であるのである。ただ神の智慧《ちえ》のみが、神の愛のみがその道を正しく導くことができたのである。吾々《われわれ》は神の愛から心がはなれた時直《ただ》ちに心を神の方《ほう》へふりむけて愛の光を点じ、智慧の光を点じその智慧の光によって事物《じぶつ》を完全に整頓《せいとん》して置けばいいのである。吾々《われわれ》の心が乱れて事物が神の智《ち》慧《え》によって整頓されないようになっている時、その時あらゆる躓《つまず》きがやって来るのである。常に光をみること、愛の心をおこすこと、そして祈る事、それが日常生活を本当に幸福にするところの道なのである。

二、暗黒の中で歩いてはならぬ

人間の不幸というものはほんの僅《わず》かの不注意から、そして暗《くら》がりにいることから、おこってくるものなのである。グレ・アブニュー氏はこんな体験を書いている。

ある日彼は自分の娘の宅《たく》を訪問して外から入って来てコートをぬぐと女中《じょちゅう》がそれをしまってくれた。そこで再び外出する時にその外套《がいとう》を着ようと思って女中が出してくれるのを待たずに、その洋服箪笥《だんす》が梯子段《はしごだん》の下の廊下《ろうか》に置かれてあるということを彼は娘の宅を幾度《いくど》も訪問して知っていたのでそこへ出掛けて行ったのである。ところがその階段下の押入《おしいれ》を開いてみるとそこは全然真暗《まっくら》である。どこか電気のスイッチがあるに違いないと手近《てぢか》の壁の所を探《さが》してみたけれどもスイッチはみつからないのである。そこできっと紐《ひも》で引張《ひっぱ》るスイッチになっているに違いないと、自分でそれをひっぱろうと暗《くら》がりの中を前へ進み出たのである。すると彼は突然暗がりの地下室へむけて空中をもんどり打って倒れたのであった。彼は彼の覚えている所から洋服箪笥《だんす》が置きかえられて、そこが空《から》っぽになっていたということを知らなかったのである。

アブニュー氏の叫び声をきいてその娘はやって来た。そしてもう父は高い所から暗がりの中へ墜落《ついらく》して自分の骨をくだいて死んでいるだろうと想像して泣きだした。アブニュー氏の骨は折れてはいなかったが、又死んでもいなかったが、しかし重傷を負《お》うていた。医者が招かれた。医者がいうには今晩動かしてはならない。動かしてもいいようになるには数週間かかるといった。そこで彼の娘はその晩そこへともかくも絶対安静で横たえることにしたのであった。

それから数週間深切《しんせつ》な医者が治療《ちりょう》してくれたが中々《なかなか》治らないのである。しかし彼は信《しん》仰《こう》をもっていた。数週間の後《のち》やっと椅子《いす》に坐《すわ》ることができた。しかし左の足は曲《まが》ったまま固定して床の上をまっすぐにして踏むことができなかった。

何回も何回も手術をしたのであるがその状態はよくならなかった。そして深切《しんせつ》な医者はもう一生涯《いっしょうがい》当り前に歩くことができないであろうというのであった。ともかく一遍《いっぺん》入院して手術をやれば歩けるようにはなれるであろうが左の足はちんばをひく外《ほか》はないというのであった。

しかし彼はユニティの信者であった。きっと神は自分を癒《いや》し給《たま》うと信じていたのであった。

三、信仰は持続しなければならぬ

一見《いっけん》彼の祈りはきかれないかの如《ごと》く思われたのであるが、しかし彼は祈ることを決してやめなかった。祈りは彼にとって一つの楽しい時間であった。やがて数週間の後《のち》に彼は松葉杖《まつばづえ》をついて歩いてみようと決意した。最初は旨《うま》く歩けなかったが、やがて彼は自分の口唇《くちびる》に神の言葉を唱《とな》えながら繰り返し繰り返しあるくことを試みた。彼は歩くことができる様《よう》になったのであった。しかし最初に歩いた時には左の足はどうしても床《ゆか》につかない、膝《ひざ》の所から曲《まが》っていた。しかし彼は祈ることをやめなかった。そしてその祈りの成就《じょうじゅ》する時が遂《つい》に来たのである。いよいよ左の足の裏が床についた。信仰《しんこう》は彼を健全にひきだしたものであり暗《やみ》は彼を墜落《ついらく》せしめたのであるが、神の智慧《ちえ》は遂に彼を生かすところの働きとなったのである。

第十一章　内在《ないざい》の宝を発掘《はっくつ》するには

一、自己に埋蔵《まいぞう》されたる宝

祈りが成就《じょうじゅ》するために最も大切な条件は自己に自信をもつことと、神の意志と反対なことは断じてせぬと云《い》う勇気とであります。

数年前のことジョー・ラインという人が有名なアメリカ某《ぼう》自動車会社のサービス係長をしていましたが、突然その会社の販売部に転任を命ぜられました。ところが、ジョー氏はそこでどんな仕事をするかというと、新自動車と交換するために顧客《おきゃく》がもってくる自動車の値《ね》ぶみをすると云《い》う仕事でありました。

ジョー氏は自動車のことなら何でも知っていたがさてその市場値段《しじょうねだん》というものはてんでわからないのでした。その自動車が何年型の自動車であるか、既走行《きそうこう》マイル数いくらであるか、全体の外観《がいかん》及び機械の状態はどうであるか、これはわかるのであるが、さてそれがいくらの値段であるかということになると、顧客《おきゃく》が要求する値段が正しいのであるかどうか一向わからないのであった。

最初に顧客《おきゃく》が中古《ちゅうぶる》自動車をもって来た時にジョー氏はその評価《ひょうか》価格《かかく》を表明するのに甚《はなは》だ頼りないおぼつかない語調《ごちょう》でいったものでした。それから又顧客《おきゃく》が二台自動車をもって来た。それも極めてあいまいな自信のない恰好《かっこう》でその値段をのべてみたものでした。いうまでもなく、その評価は出鱈目《でたらめ》なものであったが、会社は別にそれで損をしたというわけではなかった。なぜなら実はその三台の自動車は会社の支配人がジョー氏を試みるために廻《まわ》してきた中古《ちゅうぶる》自動車であったからである。しかしそれは後《あと》でわかったのでした。

ジョー氏の覚《おぼ》つかない恰好《かっこう》をみて、先輩の優秀な評価係りがちょっとかたわらへ彼を呼んで次のように教えた。――

「ねえ君、君はもっと君の能力に自信をもたなければいかんよ、君は今すでにその能力をもっているんだ。ただ気がつかないだけなんだ。それは埋蔵《まいぞう》された宝のようなものだ。君はその宝を掘り出さなけりゃならないんだ。その能力をみとめ、それを現実に今あるとして使わなけりゃいかん。君が今その能力があることを知りそれを正しく使おうと思うならばその力があることを信じそれを使っている中《うち》にその能力が発現《はつげん》してくるんだよ。僕は保証するよ。君の評価《ひょうか》値段《ねだん》は業界の誰《たれ》のものにも一致する正確なものにきっとなるに違いないということを。」

ジョー氏はこの先輩の教えを言葉通りに信じた。最初はそれでも時にふらついたが、先輩の教えを思いだしては、自分にはないように思っていた自信をとりもどしとりもどしていてその評価の仕事を続けている中《うち》に、彼の内により高き智慧《ちえ》の導きがあるように感じられて来たのでした。そして日ならずして彼は正確な自動車の評価専門家となったのであります。すべて自信によって自分の内に宿《やど》るところのより高き智慧を導き出して来る時、どんな問題でも解決しないということはないのである。

二、正しき判断をなすには

もし吾々《われわれ》が困難《こんなん》に面して右せんか左せんかとまどう時、これは自動車の評価と同じことなのであります。しかし、どんな人にも正しき自信を回復すれば何事にも正しき決断がつくことになるのであります。何よりもまず常に今正しき決意を以《もっ》て必ず自分は神の聖なる計画に従って自分は行動するのであり、計画するのであるということを自覚しなければならないのであります。神のみ心に従うという決意が第一であり次には神のみ心が常に自分の内に顕現《けんげん》するに違いないという期待と信念とをもつことが必要なのでありますす。あらゆる日常行動に神の意志に従って何事でも行おうとする決意をもつようにすれば、そこに神の智慧《ちえ》が流れ入《い》って、自分の生活が神の智慧《ちえ》によって導かれることになるのであります。

三、神に反したことをしてはならない

もしあなたが神の意志に反対したように感じられる何物かをしたいという衝動《しょうどう》が起って来たら断じてあなたはその反対の方向へむくようにしなければなりません。くらりと方向転換《ほうこうてんかん》を行うことが必要である。吾々《われわれ》が右しようか、左しようかと迷う時間が長ければ長い程《ほど》、悩みは長く困難《こんなん》は一そう深くなってくるのであります。

アメリカの南北戦争の時にこういう有名な話があります。ある老船長が受持《うけも》っている運送船に一人の闇商人《やみしょうにん》が近づいて来て或《ある》物品を闇で運んでくれるように要求したのである。

「君に百ドルあげるから」とその闇商人はいった。

老船長はちょっと考えた、そして云《い》った。「いや、そんな種類のものは何《なん》にもいらな

い。」

老船長は返事をするまでにちょっと躊躇《ちゅうちょ》したが、またそれを拒絶《きょぜつ》した。すると闇商《やみしょう》人《にん》は次には五百ドルといい、遂《つい》には一千ドルに値上げをしたが、船長は拒絶した。

「それでは千五百ドルあげますがね」と闇商人はいった。

その時船長は自分のポケットからピストルをだしてそれを闇商人にさしむけた。そして叫んだ。「君はもうこの船におることはならん。君の値段はだんだん私の良心を麻痺《まひ》さす値段に近づいて来た。去れ！　去らなければ射つぞ。」

ともかく百ドル提供された時には千五百ドル提供された時よりもその誘惑《ゆうわく》にかかり易《やす》くないのである。金高《きんだか》が多くなればなるほど誘惑の力は倍加する。吾々《われわれ》の中には時にこういう利害関係にまどわされて、神に従うか私益《しえき》に従うかと戸惑《とまど》いする者があるのであるが、吾々《われわれ》が神にそむいて利益に従った時には、きっと自分自身の首をしめることになるのである。ともかく吾々《われわれ》は神に味方しておれば神は最高の智慧者《ちえしゃ》であるから間違《まちが》いなく最後の勝利者になれるのであります。

四、神の智慧《ちえ》と一つになって生活するには

しかし、自分は神の意志に従わんことを欲するのであるが、如何《いか》にすれば今自分のなしつつあることが神のみ心に叶《かな》っているかということがわかるであろうか。神の意志が奈辺《なへん》にあるかということを、どうしたら知ることができるだろうかと尋《たず》ねる人があるかも知れない。

答えて曰《いわ》く、先にも書いた通りまず神の意志をなさんとする魂の底深き願いをおこすことが必要なのである。神の意志に従わんとする深き願いが魂の奥底におこるならば、その深き願いの心の波長が神の意志の心の波長と合うが故《ゆえ》に、自《おのず》から神の意志が奈辺《なへん》にあるかがわかって来るのである。先の船長の如《ごと》く幾多《いくた》の誘惑《ゆうわく》の中にいながらでも何をな

すが正しきかは何人《なんぴと》も知ることができるのである。神は常に如何《いか》なる立場に於《お》いても唯《ただ》一《ひと》つある正しき道を教え給《たま》うのである。唯一つの外《ほか》に正しき道はないのである。吾々《われわれ》が唯一つのその正しき道を知ることができないのはそれは神に対して波長を合わさないからにすぎない。吾々《われわれ》は時として神を信ぜず神を求めずに自分自身の判断に頼ろうとすることがある。しかも自分自身の弱点のためにはっきりした自信がもてず、躊躇逡巡《ちゅうちょしゅんじゅん》、取越苦労《とりこしくろう》、持越苦労《もちこしくろう》をする結果、自分の心がくもって来《き》、神の示し給《たま》う道をみないで結局まちがった道を歩いて墜落《ついらく》するのであります。

　神の導きを受けんがためには「今、神の導きがあるのである」と信ずることが必要なのであります。常に神の無限の智慧《ちえ》と一体であるということを信じなければならないのであります。その自信を深めることが神の意志に対して波長を合わす事になるのであります。

　その自信を深めるためには一方において常に祈ることが必要なのであります。次にかかげるのはその祈りの一つの形式である。

「神よ、吾《わ》が手をあなたの御手《みて》の中に置き給《たま》え、そしてあなたの心の所へ導き給《たま》え。何のためにあなたがその方向に導き給《たま》うかは私の問うところではございません。あなたは無限の愛でいらっしゃいますから、常により一そう私が幸福になれるように導き給《たま》うに違いないのであります。私は今あなたの無限の智慧《ちえ》と愛に抱《いだ》かれてまことに幸福でございます。あなたに感謝《かんしゃ》いたします。ありがとうございます。」

こうして神のみ心の中に溶《と》けこんでしまうのであります。宇宙は神さまを支配人とする会社のようなものである。吾々《われわれ》が神にまかせてしまった時、宇宙全体を動かしている大会社の大株主となるのと全《まった》く同じようなものなのであります。宇宙大会社の大株主となることはとりも直さず幸福製造会社の大株主になることであって、結局多くの「幸福」の配当《はいとう》を頂くことになるのであります。

第十二章　聖書にあらわれたる繁栄《はんえい》の原則

一、供給《きょうきゅう》の本源《ほんげん》は何処《どこ》にあるか

繁栄《はんえい》するためには、まず供給《きょうきゅう》の本源《ほんげん》がどこにあるかということを知らなければならないのであります。吾々《われわれ》の供給の本源が有限なるものであると見ている限り、無限の供給を掴《つか》み出してくる事はできないのである。まず神を吾《われ》らの父であり、総《すべ》てなくてはならぬものを与え給《たま》う愛深き神であるという事を知らねばならないのです。神は遍在《へんざい》であり、あらゆる所に満ち満ちているところの智慧《ちえ》であり、愛であり、生命であり、すべてのものの実質《じっしつ》である。聖書ルカ伝第十五章に於《おい》てイエスは、こう云《い》うたとえ話を説いておられるのであります。――

ある所に二人の息子があった。その弟が父に向って「父よ、財産の中《うち》わが受くべきものを吾《われ》に与えよ。」といった。

そこで父はその財産を兄弟二人に分割したのである。ところが幾日《いくにち》も経《た》たぬ中《うち》に、弟は自分の分けてもらった財産を、悉《ことごと》くあつめて遠国《えんごく》へ行き、そこで放蕩三昧《ほうとうざんまい》をして、その財産をなくしてしまったのである。その折りしもその国に大いなる飢饉《ききん》が起って彼は乏《とぼ》しき上にも乏しくなって、遂《つい》に或《あ》る人によりすがって豚飼《ぶたか》いとしてやとわれたのであるが、食《しょく》するものなく、豚《ぶた》に与える食物の蝗豆《いなごまめ》にその飢《う》えをしのがんとする程になった。その時始めてその息子は自分に富める父があることに気がついたのである。

「わしには大金持《おおがねもち》の父があったのだ。父の所に雇《やとわ》れている人々は、余っているほどふんだんに食物を食べているのだ。それだのに、わしはここでまさに飢《う》え死《じ》なんとしている。ああ悪かった。私は今まで父を忘れていた。父のみもとに帰ろう。」

こう思ってこの放蕩息子《ほうとうむすこ》は父の家に帰って行き、

「父よ、私は天に対し、又あなたに対して罪を犯しました。ただ今、私は帰って参りました。一度私は迷いましたから、もうあなたの子と云《い》われるにはふさわしくございません。どうぞ一人の雇人《やといにん》だと思ってお使い下さいませ。」といった。

父は遠く離れた所で仕事をしていたが、帰って来た息子を見ると、急に憐《あわれ》みの心が湧《わ》きおこって来た。そして仕事を止《や》めて息子の所へ行くとその首を腕に掻《か》き抱《いだ》いて接吻《せっぷん》した。そして、「よう帰って来た」と喜ばれた。

「父よ、私は天に対し、又あなたに対して罪を犯しました。今更《いまさら》あなたの子と称《しょう》せられる値打《ねうち》はございません。」とその息子は再び涙にかきぬれて云《い》うのであった。しかし父は番頭たちを呼んで、

「皆の者よ、わしの息子が帰ってきてくれた。早く最上の衣《ころも》をもち来たりてこれに着せ、その手に指環《ゆびわ》をはめ、その足に靴《くつ》をはかせよ。又肥《こ》えた子牛を引き来たりてこれを屠《ほふ》れ、一緒《いっしょ》に祝いの宴《えん》を開いて楽しもう。この我《わ》が子、死にて生き、失《う》せて又得《え》られたぞ。」

こう云《い》って父は多勢《おおぜい》の者を集めて祝宴《しゅくえん》を挙《あ》げたと書いてあります。ここにイエスの示したまえる無限供給《むげんきょうきゅう》の真理が描かれているのであります。長者《ちょうじゃ》であるところの父は神であります。父のみもとに居《お》れば何時《いつ》までも無限供給であるのに、「これだけは自分

のもの」と自分から限って、遠国《えんごく》へ行ったというのは神さまから離れた心境になったのであります。そこにて放蕩三昧《ほうとうざんまい》に身をもちくずして財産を無くしたと云《い》うのは、「神を無視して自分の勝手気儘《かってきまま》の行為をした結果」逆に無限供給《むげんきょうきゅう》の世界から追放せられたのであります。その時に飢饉《ききん》が起ったとありますが、天災地変《てんさいちへん》というものは決して偶然《ぐうぜん》に起ってくるものではなく、まずその人の心が天災地変を受けるような荒寥《こうりょう》たる心境になった時にそれと同じ状態がそこに出現するのであります。その時その息子は父を思い出した。即ち神を思い出したのであります。吾々《われわれ》が行きづまって来て何事も思うように行かず、災禍《さいか》群《むら》がり起《おこ》るというような状態が来るのは、これは「迷いの自壊作用《じかいさよう》」といわれているところのものであって、自分の生活している道が本当に神に通ずる道でないために行きづまってしまって、もう再びそのままでは前進することができない壁にぶつかり、二進《にっち》も三進《さっち》も行かなくなり、もと来た道へ引き返《か》えさざるを得なくなるのであります。それは決して神さまが罰《ばち》を与えるのでも何でもない。法則が自然と彼を行きづまらせ、行きづまらない道へ立ちもどってくるようにさせられているのであります。

二、先ず父の御許《みもと》にかえれ

ともかくその息子は、自分の生活していた道がまちがっていたということに気がつき、父即ち神さまのみもとに帰ってきたのであります。父のみもとに帰って参りますならば、一瞬間の中に罪あるものは罪なきものとされ、貧しき者は富める者とされるのであります。それは無条件の赦《ゆる》しであります。も少しお前は行《ぎょう》をしなければ赦《ゆる》されないとか、罪のつぐないをしなければ赦《ゆる》されないとか云《い》うのではないのであります。影はどんなに濃厚《のうこう》であっても、幾《いく》百万年前から続いている闇《やみ》であっても、光に照らされると一瞬間の中《うち》に光明《こうみょう》そのものに変貌《へんぼう》してしまうようなものであります。

さてその父は、父のみもとに帰って来たところの息子に「疾《と》く疾《と》く最上の衣《ころも》をもちきたりてこれに着せよ」といわれました。これは神の世界には貧しいものがあり得ないということの寓話《ぐうわ》であります。神の子たる人間は、本来富んでいるのがその本当の姿なのであります。キリストは「今日《こんにち》ありて明日《あす》炉《ろ》に投げ入れらるる野の草をすらかく装《よそお》い給《たま》えば、まして汝《なんじ》をや」と云《い》っておられるのであります。人間は美しい装いをするように神さまから与えられているのであります。吾々《われわれ》は自《みずか》らの実相《じっそう》を知らないから貧しい姿にあらわれているのであって、真に貧しくなる権利はないのであります。貧しくなるのは実相隠蔽《じっそういんぺい》であり罪《つみ》であります。キリストはこの寓話《ぐうわ》に於《おい》て、この放蕩息子《ほうとうむすこ》が貧しくなった原因は、神から離れたことだということを示し給《たま》うているのであります。この放蕩息《ほうとうむす》子《こ》は神から離れて遠い国へ行かなければ、貧しくならなかったはずであります。ところが、その放蕩息子《ほうとうむすこ》が一度《ひとたび》「父」即ち「神」のみもとに立帰《たちかえ》ってくると、たちまち美しい着物を着せられたのであります。そしてその手に指環《ゆびわ》をはめられた。指環というのは、手は行動の象徴《しょうちょう》であり、環《わ》は「無限循環《むげんじゅんかん》」の象徴であります。すべて行動は回転する。生きているもので停止するものはない。一切のものは循環し回転し、前進するのであります。仏教では「業力《ごうりき》に転ぜらる」とも云《い》い、「法輪《ほうりん》を転ずる」とも云《い》うのであります。

一度《ひとたび》行為したところのエネルギー又はコトバは回転し回転して、自分に返ってくるのであります。

三、与えれば与えられる

キリストは「人もし汝《なんじ》に一里《いちり》(註・長さの単位。一里は約四キロメートル)を行くことを強《し》いなば共に二里《にり》を行け」と云《い》っております。これが即ち無限循環《むげんじゅんかん》の形を示す「指環《ゆびわ》」をもって象徴《しょうちょう》されるところの「与えれば与えるほど殖《ふ》える」の真理であります。もし吾々《われわれ》が、この人生に於《お》いて第二里を行く事の喜びを知らなければ、人生に於《お》ける喜びの体験の最も重大にして価値多き部分を失うことになってしまうのであります。ちょうど与えられた報酬《ほうしゅう》だけの事をするというのでは、機械に油をささないでぎりぎり一ぱいで仕事をしているのと同じであります。望まれた第一里以上に第二里をささげることによって、吾々《われわれ》は人生の機械に新しい潤滑油《じゅんかつゆ》をそそぐ事になるのであります。吾々《われわれ》は値《あたい》をはらわれただけ仕事をしているようでは、そこにはただ売買《うりかい》の「商行為《しょうこうい》」があるだけであって、人間的な愛情の潤《うるお》いというものがなくなってしまうのであります。吾々《われわれ》の全人生が単なる商行為《しょうこうい》のみになってしまうと云《い》う事を考えると慄然《りつぜん》たるものがあるではありませんか。かようなところには決して神の愛の波長が感応《かんのう》しないのであります。神の愛の感応するのは、第二里《り》を行くところの、値《あたい》以上に与えるところの愛の余剰動力《よじょうどうりょく》がなければならないのであります。与えると受けるとが平均しているのでは水車は回転しないのであります。水力タービンが回転するのはタービンが次に動力を与えるより以上の豊富なる水力がそそがれるからであります。かくて与えたものが原動力となって人生は回転して行くのであります。これがこの「手に指環《ゆびわ》をはめよ」と云《い》う寓話《ぐうわ》に於《お》いてイエスが教え給《たま》うた無限原理《むげんげんり》なのであります。

四、地に接触《せっしょく》して実践《じっせん》せよ

次にこの寓話《ぐうわ》に於《おい》て父は、その息子に「靴《くつ》をはかせよ」といわれました。「靴」とは地上に接触《せっしょく》して行為するところの部分であります。吾々《われわれ》は「道を踏《ふ》み行《おこな》う」と云《い》う――これが靴のハタラキであります。吾々《われわれ》は頭から神のインスピレーションを受けるのでありますしかしそれをただ単に頭で知るだけでは役に立たないのであります。吾々《われわれ》は聖書又はその他の経典《きょうてん》を読んで知的にのみ真理を理解したのでは力とならないのであります。足が地上につかない様《よう》ではその智慧《ちえ》も信仰《しんこう》も、単なる象牙《ぞうげ》の塔《とう》(註・現実から遊離した知的態度や生活を指していう)のものにすぎないのであります。吾々《われわれ》は教えられた道を踏み行わねばならない。この寓話《ぐうわ》に於《お》いて父が帰って来た息子に対して、新しい靴を与えたということは古き靴をぬぎ捨てて新しい智慧《ちえ》を実践《じっせん》せよと教えられたのであります。「真理を実践せよ」と云《い》うのがイエスの教《おしえ》であります。まず人間神の子と悟ったならば、神の子らしく実践しなければならないのです。神はただ与えるばかりである。神はお賽銭《さいせん》をもらおうと思わない。お賽銭を横どりするのは宗教業者にすぎないのであります。吾々《われわれ》は、宗教業者になってはならない。吾々《われわれ》は神の子として、神の後嗣者《あとつぎ》として、神の如《ごと》く生きなければならない。ともかく吾々《われわれ》は、周囲からこれをしてくれとせられる以上のものを与えなければならないのであります。一里《いちり》を行けと云《い》われてただ一《いち》里《り》だけ行ったのでは、相手に服従《ふくじゅう》したのであり、相手に束縛《そくばく》されたにすぎないのでありよす。第二里を行き始めることによってのみ、今までの受動的《じゅどうてき》な生活が転回して主動《しゅどう》的《てき》生活に一変するのであります。自分が自分で自分の生活の主人公となるのであります。これが即ち「指環《ゆびわ》をはめ靴《くつ》をはかせよ」という寓話《ぐうわ》の意味であります。

五、富を物質《ぶっしつ》と見てはならない

次に「肥《こ》えた子牛を引き来たりてこれを屠《ほふ》れ、吾《われ》ら食《しょく》して楽しまん」というのは如何《いか》なる意味であるか。「肥えたる子牛」とは肉の象徴《しょうちょう》であり、物質の象徴であります。「肉を殺す」ということが無限供給《むげんきょうきゅう》の原理の第四に必要であります。肉を目的に、換言《かんげん》すれば物質を目的に活動しているのでは、神から与えられるところの霊的無限《れいてきむげん》の供給《きょうきゅう》を食《しょく》して楽しむということはできないのであります。キリストは「まず神の国と神の国の義とを求めよ、その余《よ》のものは汝《なんじ》に加えらるべし」と教えられたのであります。物質の富を求めよ、物質の富が得られるとは云《い》われなかったのであります。吾々《われわれ》はまず肉体《にくたい》的欲望《てきよくぼう》を捨てなければならない。その時に逆説的《ぎゃくせつてき》であるけれども、真に物質の富も豊かに与えられると云《い》うことになるのであります。これが即ちキリストの放蕩息子《ほうとうむすこ》の寓話《ぐうわ》に於《お》いて教え給《たま》うた無限供給《むげんきょうきゅう》の真理であります。

第十三章　想像力《そうぞうりょく》で運命を改造するには

一、人間は想像の自由を与えられている

想像力《そうぞうりょく》は創造力《そうぞうりょく》だといわれている。よき姿のものを心に想像すればその通りのものが自分の身辺《しんぺん》にひきよせられ、それが実現することになるのである。ジャンバルジャンのような不敵な盗賊《とうぞく》も自分を正直な人間だと心に描くことによって驚くべき宗教的な人格に変ることができるのである。

それでは諸君は諸君自身を如何《いか》なる姿に於《お》いて自分の心の中に描くであろうか。吾々《われわれ》はよき姿を想像することもできるし、悪《あ》しき姿を想像することもできるのである。醜《みにく》き姿を想像することもできるし、美しき姿を想像することもできるのである。貧しき姿を想像することもできるし、富《とみ》ある姿を想像することもできるのである。

形ある現象《げんしょう》は、時間空間の印画紙《いんがし》に焦点《しょうてん》を合わせた通りの画像《がぞう》が描かれたものなの

である。

あなた自身の姿をみよ。あなたの周囲に起っている事物《じぶつ》の姿を注視《ちゅうし》せよ。それを外にある姿だと思ってはまちがいなのである。それは自分の心の中に描かれているところの姿なのである。如何《いか》なることを自分が思っていたかということを反射鏡《はんしゃきょう》に現わすように、諸君の体に、諸君の周囲に現わしているにすぎないのである。諸君は自分自身を華《か》麗《れい》な宮殿に生活しつつある神の子だと想像することもできるし、自分を一介《いっかい》の貧乏人だと想像することもできるのである。どちらをあなたは想像なさいますか。そしてあなたの想像なさいますところのものは、尚《なお》いまだないにしても、やがてはそれが具象化《ぐしょうか》して実現する時が来るのである。

二、彼女は想像に描いた通りに富むことができた

あるアメリカの貧しい生まれの婦人が自分の生活を豊かなものにしようと希望して、ユニティの教《おしえ》を受けて、自分はすでに豊かなる生活を送っていることを努《つと》めて心に描くようにしたのである。彼女は自分自身がすでに最高上等の服装をつけている婦人であり、近代的な豪奢《ごうしゃ》な邸宅《ていたく》に既に生活する有様《ありさま》を想像して心に描いたのである。彼女は既に立派な新型の自動車にのり、旅行する時には自由に飛行機や汽車の一等車を利用している姿を毎日毎日描くことにしたのである。するとやがて心に描いた通りその豪奢《ごうしゃ》の生活が彼女自身の生活に実現してしまったということを『ユニティ』誌は述べているのである。

三、偉大なる想像力《そうぞうりょく》

想像力はこの世界に存在《そんざい》するあらゆる力の中でもっとも偉大なる力であるのである。原子爆弾《げんしばくだん》が発明されたのも想像力によるのである。この大宇宙に星雲《せいうん》が発生し、太陽系《たいようけい》統《とう》が発生し、地球が生まれ、人類が生まれて来たのも実に想像力の描くところであるのである。しかし、それは神様の想像力である。神様の一大想像力は自然界を造り、人間の想像力は自分の肉体の状態を自分の環境《かんきょう》及び境遇《きょうぐう》を創造するのである。想像力をたくみに駆使《くし》すれば如何《いか》なるよきことでも成就《じょうじゅ》しないということはないのである。ここに人間に与えられた最高の自由があるのである。人間の想像力は自由であるが故《ゆえ》に、善をも想像し悪をも想像することができるのである。ここに人間の幸福の原因もあれば不幸の原因もあるのである。向上の原因も頽廃《たいはい》の原因も皆吾《われ》らの心の中にあるのである。

だから、吾々《われわれ》は想像力《そうぞうりょく》を駆使《くし》するには向上的方面《こうじょうてきほうめん》にのみ、積極的方面《せっきょくてきほうめん》にのみ、建設的な方面にのみ、想像力を駆使しなければならないのである。時々よいことを想像し、時々はまた悪いことを想像しているようなことでは、善悪互《たがい》に相殺《そうさい》して純粋に幸福なる生活を実現することはできないのである。

現象《げんしょう》としては、善も悪も、ともに形に現われてみえるのである。健康なる肉体も病気の肉体もともに現象的存在《げんしょうてきそんざい》としては認められるのである。しかし、善なるものは永遠不滅の神の理念から投影されて来たものであるが故《ゆえ》に、本当の実在《じつざい》であるけれども悪《あ》しきもの不健全なものは吾々《われわれ》の迷いの心が、途中から満月を蔽《おお》いかくすが如《ごと》く現われて来た叢雲《むらくも》にすぎないのであるから決して永遠性はないのである。それが永続するように現われて来るのは吾々《われわれ》の想像力がそれをありとして握《にぎ》っている間だけのことなのである。吾々《われわれ》は悪しきものの存在《そんざい》を心に認めずそれをつかむことを捨てて、ただ心に神の創造せられたる善き世界の実相《じっそう》のみを心に描き、人間神の子の完全なる実相のみを心に描くようにしていたならば、それが必ずこの世界に「完全なる世界」及び「完全なる自分」

の姿が現われて来るのである。

四、悪は実在界《じつざいかい》には存在《そんざい》しない

恐怖《きょうふ》や、取越苦労《とりこしくろう》や、病気や、不幸は神さまの創造せられた世界には決して存在しないのである。それを現象世界《げんしょうせかい》に現わしているのは、ただ吾々の心の「描くところ」にすぎないのである。人間の迷いの心が不幸を見、病気を見、恐怖し取越苦労《とりこしくろう》するのである。それをみている間は決してそれらはよくならないのである。吾々《われわれ》が幸福を、調和を、平和を、そしてすべてのよきものにみたされているこの世界と自分とを心に描くようにした時にのみ、そのすべてのよきものが身辺《しんぺん》に現われて来るのである。だから毎日一回は静かなる部屋《へや》に退《しりぞ》いて心を静めて、一切の悪しき現象《げんしょう》から目をとじ、「神」と「神の造り給《たま》いし完全なる世界」とを想像して、「神」と「神の造り給《たま》いし世界」に、心をもって直接対面するがいいのである。聖書によれば、どんなにキリストが弟子から離れて一人山にのぼって祈ったかということが記載《きさい》されているのである。キリストでさえも——あんなに霊的天分《れいてきてんぶん》をもったキリストでさえも——祈りによって天の父からの「霊《れい》の賜物《たまもの》」（神の指導）を頂いたのである。吾々《われわれ》が祈りによらず、神想観《しんそうかん》を行わず、真理がわかったと、いい加減《かげん》に増上慢《ぞうじょうまん》に陥《おちい》り「神」と「神の造り給《たま》いし実相世界《じっそうせかい》」に直面することを忘れたら、よき生活が現われて来ないのは無理もないのである。だからキリストは「まず神の国と神の義を求めよ。その余《よ》のものは汝《なんじ》らに加えらるべし」と教えたのである。先ず神の国即ち実相世界《じっそうせかい》の完全豊かなる有様《ありさま》を心に描くことによって、実相世界の完全豊かなる有様が現実世界に現われて来るのである。しかるに吾々《われわれ》は五官《ごかん》の智慧《ちえ》の目を以《もっ》て現象界《げんしょうかい》を視《み》るのである。そして病気や貧乏や災難やその他一切の不幸が存在《そんざい》するということを感覚面《かんかくめん》に受けとって、それを実際にありとして想像するのである。「想像力《そうぞうりょく》は創造力《そうぞうりょく》」であるから、かくの如《ごと》き生活習慣を続けておる限りは、人間はいつまでたっても幸福の楽園に生活することはできないのである。即ち五官の智慧《ちえ》の樹《こ》の果《み》をたべたところの人間は楽園を追放されねばならないのである。だから常に諸君が幸福の楽園に生活しようと思うならば今すぐ、一切の悪《あ》しき姿を心の中から放逐《ほうちく》せよ。不完全な姿を想像の中から駆逐《くちく》せよ。一切の不幸と不完全とは実在《じつざい》でないと思念《しねん》せよ。実在でないところの不幸の姿は、病気の姿は断じて吾々《われわれ》を支配する力のないことを思念して強烈に宣言せよ。

五、如何《いか》なる治癒《ちゆ》も想像力《そうぞうりょく》からである

病人がその病気を実在《じつざい》であると思い、到底《とうてい》治らないと信じきっている限りに於《お》いてその病気は治らないのである。如何《いか》なる医療《いりょう》によって治ったにせよ、それが癒《い》やされたのは「この医療によって自分は癒やされる」と信じたから癒やされたのである。まず「この医療が自分を癒やす」と想像した後《のち》にその医療が加えられて治ったのである。物質《ぶっしつ》の

化学的作用はさることながら心の想像力《そうぞうりょく》の加わらない治療《ちりょう》というものはあり得ないのである。意識不明の幼児の病気が医療《いりょう》によって治る場合にも、それは必ず親自身が「この医療によってこの子供は癒《い》やされる」という信念をもっており、その信念が幼児に感《かん》応《のう》して癒やされたのである。

六、子供に病気の不安恐怖《きょうふ》を与えてはならない

親の想像力が子供に感応《かんのう》して子供を不幸にしたり、病気にしたりしている実例は随《ずい》分沢山《ぶんたくさん》あるのである。「そんなにたべたらお腹《なか》をこわしますよ」とある母親はいうのである。そしてその子供はお腹をこわすのである。「そんな寒い所へ出たら風邪《かぜ》をひきますよ」とある父親はいう。そしてその子供は風邪をひくのである。窓からのぞきだしていた子供に「そら、危い。落ちるぞ!」と云《い》った瞬間、その子供は墜落《ついらく》して怪我《けが》をする

のである。これらはすべて親の想像力が子供に感応したのであり、親の言葉が子供に想《そう》像力《ぞうりょく》をひきおこし、危険を想像したことが実現したといい得《う》るのである。親が悪《あ》しきことを想像したら悪しきことが必ず現われて来るのである。こうして幼時に潜在意識《せんざいいしき》の中につぎこまれたる「お腹《なか》をこわす」或《あるい》は、「風邪《かぜ》をひく」という観念《かんねん》は、将来大人《おとな》になってからも心の奥底にひそんでいて、食べすぎとか「冷たい風」とかいう縁《えん》にふれた時、その果《み》は結んで胃腸《いちょう》を害《がい》したり、風邪に冒《おか》されたりする結果になるのである。幼児を健康に育てたいと思われる人は『生命《せいめい》の實相《じっそう》』第七巻児童教育篇（註・新修版『生命の實相』による）を読まれたら非常に参考になると思う。

七、健康のために思念《しねん》する言葉その他

このような幼時に潜在意識中《せんざいいしきちゅう》に印象《いんしょう》せられたる病的観念《びょうてきかんねん》を一掃《いっそう》するには、精神統一

を必要とするのである。精神統一中には現在意識《げんざいいしき》が静かになってしまって、潜在意識《せんざいいしき》が表面に浮び上り、それに対して与えるところのよき暗示は幼時に与えられたる悪しき暗《あ》示を駆逐《くちく》して浄《きよ》めてしまうことができるのである。

「自分の全身は神の生命《いのち》にみたされ、神の生命《いのち》そのものが自分の全身であるから、気候や風土や、食物によって傷つけられるようなものではないのであって、常に完全円満《かんぜんえんまん》な霊的存在《れいてきそんざい》である」

　というような思念《しねん》を精神統一中に繰り返し繰り返しすることは、幼時の悪しき印象を潜在意識から消去《しょうきょ》するのにもっとも適当なる思念であるのである。即ち自分の全身を「金剛不壊《こんごうふえ》の霊身《れいしん》」であると想像することが実際に自分の体を金剛不壊《こんごうふえ》ならしめる働きになるのである。たんに体の問題のみならず、人間の性格もそれは幼時から徐々《じょじょ》に集《しゅう》積《せき》せられたる印象によって養われたるものであるが故《ゆえ》に、精神統一中に、よき観念《かんねん》を印象することによって改造することができるのである。落ちつきのない性格も、

「自分は神の子であるから、常に神に守られて心は平和であり常に落ちついている」

と念ずることにより、落ちついた平和な人格に改造することができるのである。もし自分が嘘《うそ》つきである場合には、「自分は神の子であるから真理のみを語るのである。自分は正直《しょうじき》である。正直が自分である。正直と自分とは一体である」と念ずるようにするならば、その不正直な性格が自《おのず》から直ってしまうのである。

八、思念《しねん》をする場合の言葉

このような思念を用いる場合に「自分の落《おち》つきのない性格は治る」と念じたり、「自分はこれから決して嘘《うそ》をつかない」と念じたりするならば、それは全然無効ではないにしても効果は少ないのである。何故《なぜ》なら「落《おち》つきのない性格」と心に念ずる時には、一度それを想像してから否定するのであるから、想像力《そうぞうりょく》の実現力によってその存在《そんざい》が支えられることになるからである。

もし老いたくないと思うならば、「自分は老衰《ろうすい》しない」と念ずるよりも、「自分は神の子であり霊的存在《れいてきそんざい》であるから、永遠に若いのである」というように念じて、「老衰」の老《ろう》の字も考えないようにする方《ほう》が効果があるのである。しかし多くの人はどういう風《ふう》に自分を想像しているであろうか。もう自分は何歳になったから老いるより仕方《しかた》がないというように想像するのである。又病人は、「私は肺病《はいびょう》だから治らない」とか「私は胃癌《いがん》だから致命症《ちめいしょう》だ」とか想像するのである。そして想像力《そうぞうりょく》の実現する力によって不幸の転帰《てんき》をみることになるのである。

吾々《われわれ》の肉体は常に間断《かんだん》なく新しき養分によって新細胞《しんさいほう》が造られ、古きものが駆逐《くちく》せられて新組織が形成せられつつあるのである。従って今ある肉体組織が病気であっても、そんなことは問題ではないのである。これから造る新しい細胞《さいほう》と新しい組織とだけが健全に造られさえするならば、現在の病的細胞は結局排泄《はいせつ》されてしまうのであるから、何も問題にはならないのである。ところが新たに造られる細胞や新たに形成される組織がどうして病的な姿や老衰《ろうすい》した組織に造られるのであろうか。それは分子を並べ細胞を並べて組織を形成するところの「指導精神」ともいうべきものが、病的にその分子又は細胞《さいほう》を並べてしまうからなのである。その「指導精神」というものは結局その人の潜在《せんざい》意識中《いしきちゅう》に描かれている「観念《かんねん》」であるのである。即ちかつて心に想像した「病的観念《びょうてきかんねん》」の姿が作用《さよう》して、分子や細胞の配列《はいれつ》の工合《ぐあい》を病的に変化してしまうからなのである。

ともかく想像力《そうぞうりょく》は創造力《そうぞうりょく》なのである。諸君は心の法則を知ったならば、決して悪《あ》しき印象《いんしょう》を潜在《せんざい》意識《いしき》に入れることをしてはならないのである。そして常によきことのみを心に想像するようにすればよき運命が必ず諸君の生活に実現して来るのである。

第十四章　嫁《よめ》と姑《しゅうとめ》とはこうして調和する

一、自分の乗っている車の故障《こしょう》は分りにくい

ある町の大通りで自家用車とトラックとが両方からすれすれに近づいた。その時トラックの運転手が、左の手を窓からさしだしてそれを急速に打ちふりながら何か合図《あいず》をするらしいのである。

自家用車にのっていたマーベル夫人は何か自分の乗っている車の後《うしろ》の方に危険なものが近づいてくるのであろうかと、反射鏡《はんしゃきょう》の方《ほう》を一瞥《いちべつ》した。が自分の車の後方には何も近づいていないのであった。

マーベル夫人はそこに自動車をとめた。トラックはそのまま行きすぎてしまった。マーベル夫人は自分の息子のダビデがかつて「トラックの運転手は専門家だから、我々素人《しろうと》のモーターリスト（註・自動車愛好家。ここでは車を運転する人を指している）には時々好《よ》

いことを教えてくれますよ。」といったことを想《おも》いだしたのである。

マーベル夫人は自動車のドアを開いて外へ下《お》りて自分の車のどこかに故障《こしょう》でもありはしないかと思って検《しら》べてみた。どこにも故障はないらしい。タイヤを一瞥《いちべつ》した。それも故障はない。車の下の方《ほう》をのぞきこんだが、そこにも何ら異常がない。

その時彼女は息子が「トラック運転手が注意してくれた時は、それから後《あと》は速力を緩《ゆる》めて気をつけながらゆっくりと駆《はし》ることですよ。」といった言葉を想《おも》い出した。そこで彼女は呟《つぶや》いた。

「いつまでここに一人でじっとしていても仕方《しかた》がないから、つぎのサーヴィス・ステーションへ行くまで速力を緩めてぼつぼつ行ってみよう。」こういって彼女は自動車にのって緩い速力で走りだした。

次の町までくると、そこにサーヴィス・ステーションがあった。そこで車をとめて、彼女はトラック運転手が合図《あいず》してくれたことを話して、どこかに故障があるかもしれないからみてくれと、そこの技師にたのんだ。

ガレージの技師のいうところによると、停車していては発見し得ない故障《こしょう》かも知れない、それならば車軸《しゃじく》が曲《まが》っているか、フロント・ホイール（前車輪）が中心をはずれているか、どちらかでしょうというわけで検《しら》べてくれた。その結果前車輪が軸に対して直角になっていないで非常にゆがんでいることが発見されたのであった。

「これに気がつかないで運転していますと、無理をするのでタイヤがばかに早くちびてしまいますよ。」とその技師はいった。

マーベル夫人は、その修繕《しゅうぜん》を終ると感謝《かんしゃ》にみたされた気持で、それ以後のドライヴを非常に気持のいい状態で走ることができたのである。

マーベル夫人は、「神は常に我が必要な時にたすけ給《たま》う」とくりかえしくりかえし心の中で小声《こごえ》で唱《とな》えながら、感謝の心を起しながら自動車で自宅へ帰ったのであった。

二、人の忠告は素直にきくがよい

話はここで中断するが、人生はこの自家用車にのって走るようなものなのである。心の車輪の回転が中心からはずれていても自分には気がつかないが、他《ほか》から見てはよくわかることがあるのである。その時に人の忠告に従って心の中心を真直《まっすぐ》にし直すと、それから故障《こしょう》なしに人生の行路《こうろ》を進むことができるのである。

しかし人の忠告をきかないでも尚しばらくは走ることができるのである。そして故障が起ってくる。しかしその故障は神さまが罰《ばつ》を与えるのではないのである。真直《まっすぐ》でない、中心にはずれた状態で心の運転をしているから、自然の法則によって、その当然の結果として故障が外面的に起って来るにすぎないのである。それが即ち病気とか不幸災難とかいうものである。しかし故障が起っても、その故障の原因である中心のはずれたことを、依然《いぜん》としてなおざりにほって置くと、にっちもさっちも行かなくなって大破損《だいはそん》を起すようになるのである。

三、一人息子が結婚した場合

マーベル夫人は、自分の一人息子であるダビデを非常に愛していた。マーベルは未亡人であったからその一人息子であるダビデには著《いちじる》しい執着《しゅうじゃく》の愛がかかっていたのであった。人生の喜びも悲しみもすべてがダビデに集中しているという有様《ありさま》であった。夫を失ってからのマーベルが、ダビデを中学、大学とだすのは仲々困難《なかなかこんなん》であったが、それでもやっとそこを卒業させた。ダビデは職業を得た。そしていよいよ結婚することとなり、アメリカの風習《ふうしゅう》にならって新婚の夫婦は数丁《すうちょう》離れた所に一軒の家を借りて、そこに母と別れて生活することになったのである。

夫を失った夫人が半生《はんせい》の努力を費《ついや》してやっとここまで育て上げて一人前にした時に、その息子は自分からはなれて別の女である「新しい妻」の愛に抱《いだ》かれて去ってしまったのである。彼女は何だか淋《さび》しくてたまらない。自動車で自分の家へのりつけて帰っては来たものの、いつも出迎えてくれるはずのダビデの姿は見られないのである。あの生きした可愛《かわい》い声をきくこともできないのである。「お前が話してくれたトラック運転手のことで今日《きょう》は大いにたすかったよ。」といいたくっても、それをいう相手はもういないのである。

マーベルは部屋《へや》に入ると辺《あた》りを見廻《みまわ》した。そして窓枠《まどわく》に手をかけたがその指先は神経的にふるえていた。考えてみると、あの若い二人が結婚して以来、二人は二人自身の生活のみに没頭《ぼっとう》していて、この母を少しも省《かえり》みてくれなくなってしまったのである。愛する者をとられたようで淋《さび》しい。天上天下《てんじょうてんが》にあの息子だけが私の愛するものであり、私の希望の希望であったものが今はもう私の許《もと》にはいないのだ。

ある朝、マーベルは近所の人から息子のダビデがひどい風邪《かぜ》をひいているということをきいた。彼女は心配になって早速《さっそく》電話をかけた。そして「グレープ・フルーツのジュースが非常に風邪《かぜ》には好《よ》いそうですから、それをのませて下さい。」といった。するど電話で息子の嫁《よめ》のマーセラーが、突慳貪《つっけんどん》の調子で「ダビデは私が看護《かんご》していますから大丈夫《だいじょうぶ》ですよ。じっと安静にしていて誰《たれ》にも会わない方《ほう》が病気のためにいいと思います。」こういって電話を切った。

マーベル夫人は息子の病気を機会にダビデに会いたいものだと思っていた。その最後のよすがが断《た》ちきられたのであった。「自分の息子が病気であってさえ、息子に会うことさえ禁じられているとは、何という邪慳《じゃけん》な嫁《よめ》だろう、それが嫁として夫の母に対する道だろうか、もし真に夫を愛していたなら、病気の時に母位《ぐらい》には会わせてやりたいと思ってもいい位《くらい》だ。恐らく嫁はダビデをも愛していないのだろう、そうだ、そうに違いない。」

マーベルは腹が立ってたまらなかった。書斎《しょさい》の床《ゆか》の上をじっとしておれないで、歩き廻《まわ》った。と想《おも》うと椅子《いす》をひきよせてそこへすわった。急に頭から腕にかけていたみだした。彼女はその凝《こ》るように痛む腕を机の上に交叉《こうさ》して考えこんだ。しかしその時彼女の心の中に「神」が思い浮んだのである。たよるべきものは神のほかにないと気がついたのだ。

「神さまどうぞ私をおたすけ下さい」と彼女はいのった。「私にはこの問題を解決することはできません。得点は黒ばかりです。どうしてこうなのでしょう。どうぞ私のあやまちをお示し下さい。」

こう祈っている中《うち》に、彼女の怒りにふるえていた感情が静まって来た。固くなっていたんでいた肩がやわらかくなって来た。あのトラックの運転手がどこかに故障《こしょう》があると示してくれた様《よう》に、そしてガレージの修繕《しゅうぜん》技師が、中心からはずれていると教えてくれたように、どこかに私の心には中心のはずれた所があるのだと彼女は気がついた。

四、環境《かんきょう》も肉体も自分の心の影

いうまでもなく、肉体も環境も自分の心の影である。従って自家用車を運転してその中心がはずれたりするのは自分の心の中心のはずれたことの象徴《しょうちょう》なのである。それと同じことが家庭の中にも起っているのが、この嫁《よめ》と姑《しゅうとめ》との問題なので、外界に起っているのが悪いのではなく、外界に起っていることは自分の心の「中心」のはずれたことの影なのだ。どこかに自分の心の中に中心のはずれた所があるのではあるまいか――マーベルはこう考えた――自分の息子がすでに一人前になって結婚した時に、いつまでも自分の息子に執着《しゅうじゃく》の愛をもっている自分の方《ほう》が、何か法則にはずれたところがあるのではなかろうか？

マーベルはうなだれていた頭をあげた。そしてじっと艶《つや》のあるマホガニーの机の表面をみつめていた。彼女の額《ひたい》には心の悩みを現わした皺《しわ》が深くきざまれていた。「何という悩みだろう。しかしこれは私が悪いのだ。」――彼女は物狂《ものぐる》おしく体を揺《ゆ》すぶった――空の鳥でさえも、一度巣立ちをした若鳥《わかどり》の後《あと》を追いかけようとはしないではないか。そうだ、私があやまっていたのだ。空の鳥は子供を育ててしまった後《あと》は他《た》の仕事にいそしむのだ。子供にしばられない自由なる世界がそこに開かれるのだ。そうだ、私が執着《しゅうじゃく》しているのが悪いのだ。

マーベルは自分が結婚した当時の事を想い出した。自分は夫に、夫は自分にもうみちたりてしまって、何も外《ほか》に求めるものはなかった。自分の家族の誰《たれ》かが来ても侵入者が忍びこむように邪魔《じゃま》になったのが新婚第一年のすばらしい期間であった。

マーベルの心は段々落ちついて来る。だんだん真理がわかって来たような気がするのだ。彼女は鉛筆《えんぴつ》を手にもってあそびながら考えた。そうだ、ダビデが病気の時でさえも、あのマーセラーが私にあわせないようにしたのも深い愛があってのことである。自分一人がダビデを看護《かんご》する責任を負《お》うと云《い》うのだ。病人の看護の責任を負うと云《い》うのはそれだけでも非常な仕事である。その責任を自《みず》から背負って私をその重荷《おもに》から解放してやろうというのが、あのマーセラーの深いふかい愛ではなかったか！

こう考えてくると今まで邪慳《じゃけん》に思われた嫁《よめ》が深いふかい愛をもっていて、それに対して悲しくなり、腹立《はらだ》たしくなっている自分が何だか馬鹿気《ばかげ》てるように思われて来た。彼女は立ち上ると、深い呼吸を一つして窓の方《ほう》へ歩いて行った。そこにはベニス式の鎧戸《よろいど》が閉《しま》っていた。コードをひくと、スライドが上を向いて明るい光線が外から入って来た。そこからは海を見渡して水の面《おもて》には帆《ほ》かけ舟《ぶね》が静かにすべっているのだった。

マーベルの心の中にも明るい光がさして来たのである。「そうだ、ダビデがこの世に生まれたのは決してこの母だけを永久に一人で見戌《みまも》るためではなかったのだ。彼は彼自身の家庭を造り、彼自身の生活を送り、彼自身の希望を実現し、彼は彼自身として生活して行かなければならなかったのである。彼の過去の生活は母に属するものであったが、未来は彼の妻とそして神とにぞくすべきものであるのだ。今から後《のち》は母としての役目は、ただ二人が自分を必要とする時に味方になってあげるだけで好《よ》いことなのだ。」

マーベルは自分の母がこんな事をいったことを想《おも》い出した。──「人間の生涯《しょうがい》は二つの章に別れるのである。即ち子供を育てる時代、子供から離れて自分のいとなみとする時代とである」──その最初の時代はすぎたのである。自分はこの過去に感謝《かんしゃ》し、そして新しいわが生涯が開けるのだ。そこにより豊かなより満足すべき生活が得られるのだ、そうだ新しい生活だ。

マーベルはこう考えると一度に、肩の重荷《おもに》がおりたような気がした。不思議《ふしぎ》な新しい自由な感覚が全身を走り流れた。今まで息子にかまけていた時間で色々の楽しいことができる。そうだ、私は自由なのだ。急に彼女は嬉《うれ》しくなって、「吾汝《われなんじ》らに自由を与えんがために来たれり。」聖書の中のこの言葉を彼女は自分の心にしみこませるように唱《とな》えた。どこからともなく、ピアノの遠くかすかなる音が美しいメロディできこえて来る。「私にすべきことは色々ある。私は音楽を習いたいと思っていたのだ。そうだ、音楽の成人講習会のクラスがひらかれているからそれに入ろう。必要な練習ができる時間が、これからたっぷりあるのだ。それから私はスペイン語を習いたいと思っていた。新聞でみると公共図書館に新しいクラスができたそうだ。それに読みたい本も沢山《たくさん》ある。赤十字にも入りたいし、多くの人達が私のできることを待っていてくれるのだ。私は生き甲斐《がい》があるのだ。」

彼女は洋服簞笥《ようふくだんす》を開けて手をのばして、帽子《ぼうし》と手袋《てぶくろ》とをとりだした。メイスン婦人を訪問したくなったのである。何となく魂が浮き浮きして来た。

「あのメイスンさんとマーケットへ行こう。私はいつも家族のことばかりにかまけていて、友達と仲よくする時間がなかったんだもの、もうこれからは私は一人ぼっちでいる淋《さび》しい時間なんてないんだ。とても忙しくてたのしい仕事が沢山《たくさん》あるんだもの。」

こうして彼女は忙《せわ》しい午後を諸所方々《しょしょほうぼう》訪問して帰ってくると、ダビデから電話がかかって来た。

ダビデの声は輝いていた。「お母さん今晩お母さんを晩餐《ばんさん》にお招《まね》きしたいのですが来てくれますか。僕お母さんをお迎えに行きたいんですが。」というのであった。

マーベル夫人が完全に自分の息子を心の世界からはなしてしまった時に息子は再び彼

女の心の世界に帰って来たのであった。愛するとは放つことなんだ。そして放つことは愛するものが再び自分の所へ帰って来ることなのだ。その真理がマーベル夫人に於《お》いて実現したのである。

その晩マーベル夫人と若夫婦とは、若夫婦の小綺麗《こぎれい》な小さい家の茶の間で晩餐《ばんさん》の食卓についた。するとダビデが突然小さなプレゼントの包《つつみ》を母の手に握《にぎ》らせたのである。そしてリボンでくくった包《つつみ》の上には、

「おばあちゃまへ、小《ちい》ちゃきものより。」と書いてあった。

「どうしたの、これなんなの。私にはわからないわ。」マーベル夫人はこういいながら二度リボンの上の貼紙《はりがみ》をよんだ。「ちいちゃきものより」とは一体何を意味するのだろう。彼女は包みを開いてみた。その中から美しいハンカチーフが出て来た。

「小《ちい》ちゃきものより、おばあちゃまへ」

だんだんその意味がわかって来たのである。マーベル夫人は立ち上った。そしてマーセラーに近づくと自分の心臓に押しつけるようにマーセラーを抱《いだ》いた。

「あなたの心に感謝《かんしゃ》します」とマーベルはささやいた。彼女の両眼《りょうがん》からぽたぽたと涙が落ちて新しいハンカチの上に落ちた。「よかったわね。大丈夫《だいじょうぶ》かい。体は大丈夫なの。」と彼女はつづけていった。「お母さまだけに始めて打明《うちあ》けたのですわ。ここしばらくのうち体が私変だったのですけれども、お母さまを心配させてはいけないと思っていわなかったのです。」とマーセラーは恥《はず》かしそうな小さな声でささやくようにいった。マーセラーはダビデの子を妊娠《にんしん》していたのだ。ダビデとマーセラーとは孫を連れてマーベル夫人の所へかえって来たのだ。

「おばあちゃま、喜んで下さい。坊やができるのです。ここに『小《ちい》ちゃきものより』と書いたのはそのためなんです。」

マーベルはその晩降る星の中を歌をうたうような喜びにみたされながら自分の家に帰って来た。彼女の心の中心がまっすぐになったのである。するとすべてのことが順調に展開して来たのであった。降る星がみんな彼女を讃《たた》えてくれているような気持であった。

第十五章　実相《じっそう》を観《み》る眼《め》について

列王《れつおう》紀略下《きりゃくげ》第四章の解釈

預言者《よげんしゃ》の徒《ともがら》の妻の中《うち》なる一人の婦人《おんな》エリシヤに呼《よば》わりて云《い》いけるは、「汝《なんじ》の僕《しもべ》なる夫死ねり。汝《なんじ》の僕《しもべ》の神を畏《おそ》れしことは汝《なんじ》の知るところなり。今債主《さいしゅ》来たりてわが二人の子をとりて奴僕《しもべ》となさんとす。」と。エリシヤ之《これ》に云《い》いけるは、「われ汝《なんじ》のために何をなすべきや、汝《なんじ》の家に如何《いか》なる物あるかわれに告げよ。」彼云《い》いけるは「僅少《わずか》の油のほかは汝《なんじ》の婢《しもめ》の家に有《あ》るものなし。」彼云《い》いけるは「往《ゆ》きて外《ほか》より隣《となり》の人々より器《うつわ》をかりよ。空《あ》きたる器を借《か》るべし、少許《わずかばかり》を借《かり》る勿《なか》れ。而《しか》して汝《なんじ》ら入《い》りて汝《なんじ》の子等《こら》と共に戸の内に閉《と》じこもりそのすべての器に油をつぎてそのみてるところのものをとりのけおくべし。」婦人《おんな》すなわち彼を離れて去りその子等《こら》と共に戸の内に閉じこもり子等《こら》のもちきたる器に油をつぎたりしが、器のみなみちたるときその子にむかい「尚《なお》われに器をもちきたれ」といいけるに「器《うつわ》はもはやあらず」といいたればその油すなわち止《とどま》る。是《ここ》においてその婦人《おんな》神の人に至《いた》りてかくと告げければ彼いう「往《ゆ》きて油をうりてその負債《おいめ》をつぐないその余分《あまり》をもて汝《なんじ》と汝《なんじ》の子等《こら》生計《くらし》をなすべし」と。一日《あるひ》エリシヤ、シュネムにゆきしにそこに一人《ひとり》の大《おおい》なる婦人《おんな》ありてしきりにこれに食《しょく》をすすめたれば彼かしこを過《すぐ》る毎《ごと》にそこに入《い》りて食をなせり。ここにその婦人《おんな》夫にいいけるは「視《み》よこのつねにわれらを過《よぎ》る人は、我《われ》これを見るに神の聖《きよ》き人なり。請《こ》う小《ちい》さき室《しつ》を石垣の上につくりそこに臥床《ねどこ》と案《つくえ》と榻《こしかけ》と燭台《しょくだい》をかれの為《ため》に備《そな》えん。彼われらに至る時はそこに入《い》るべし」と。かくてのちある日エリシヤそこに至りてその室《しつ》に入《い》りてそこに臥《ふ》したりしがその僕《しもべ》ゲハジに対《むか》い「彼《か》のシュナミ人《びと》を召《よび》きたれ」といえり。彼かの婦人《おんな》を召《よび》たればその前にきたりて立つに、エリシヤ、ゲハジにいいけるは「彼にかく言え汝《なんじ》かく懇《ねんごろ》に我《われ》らのために意《い》を用う汝《なんじ》のために何をなすべきや。王または軍勢《ぐんぜい》の長《かしら》に汝《なんじ》のことを告げられん事を望《のぞ》むか」と。彼答えて「われはわが民の中《うち》におるなり」という、エリシヤいいけるは「さらば彼のために何をなすべきや」ゲハジ答えけるは「誠にかれは子なくその夫は老いたり」

と。ここに於《おい》てエリシヤ彼を召《よ》べといいければこれを呼ぶに来《きた》りて戸口《とぐち》に立ちたればエリシヤいう「明《あく》る年の今頃汝《なんじ》子を抱《いだ》くあらん」彼いいけるは「否《いな》わが主《しゅ》神の人よなんじの婢《しもめ》をあざむき給《たま》うなかれ」と。かくて婦《おんな》ついに孕《はら》みて明《あく》る年に到《いた》りてエリシヤのいえるそのころに子を生めり。その子育ちてある日刈穫人《かりいれびと》の所にいでゆきてその父に至《いた》りしが、父にわが首《こうべ》わが首《こうべ》といいたれば父少者《わかもの》に彼を母の許《もと》に負《お》いゆけと言えり。すなわち之《これ》を負《お》いて母に至りしに午《ひる》まで母の膝《ひざ》に坐《すわ》りいて遂《つい》に死にたれば母のぼりゆきて之《これ》を神の人の臥床《ねどこ》の上に置きこれを閉じこめて出《い》で、その夫をよびていいけるは「請《こ》う一人《ひとり》の僕《しもべ》と一頭の驢馬《ろば》を我《われ》につかわせ我《われ》神の人の許《もと》にはせゆきて帰らん」と。夫いう「何《なに》故《ゆえ》に汝今日《なんじきょう》かれにいたらんとするや。今日《きょう》は朔日《ついたち》にもあらず安息日《あんそくにち》にもあらざるなり」彼いいけるは「宜《よ》し」と。婦《おんな》すなわち驢馬《ろば》に鞍《くら》おきてその僕《しもべ》にいいけるは「駆《か》りて進め、吾《わ》が命《めい》ずる事ならば我《わ》が騎《のり》すすむることに緩漫《たゆみ》あらしめざれ」と。ついにカルメル山《やま》にゆきて神の人にいたるに神の人遥《はる》かにかれの来《きた》るを見て僕《しもべ》ゲハジにいいけるは「視《み》よかしこにかのシュナミ人《びと》おる、請《こ》う汝《なんじ》はしりゆきて彼をむかえて言え。なんじは平安《やすらか》なるやなんじの夫はやすらかなるやなんじの子はやすらかなるや」と。彼答えて「平安《やすらか》なり」といい遂《つい》に山にきたりて神の人にいたりその足を抱《いだ》きたればゲハジこれを逐《お》いはらわんとて近よりしに神の人いいけるは「容《ゆる》しおけ、彼の心の中《うち》に苦《くるしみ》あるなりまた神その事を我《われ》にかくしていまだわれに告げ給《たま》わざるなり。」婦《おんな》いいけるは「我《われ》わが主《しゅ》に子を求めんやわれをあざむき給《たま》う勿《なか》れとわれは言わざりしや」エリシヤすなわちゲハジにいいけるは「なんじの腰をひきからげわが杖《つえ》を手にもちて行け誰《たれ》に逢うも礼をなすべからず又なんじに礼をなす者あるともそれに答うることなかれわが杖をかの子の面《かお》の上におけよ」と。その子の母いいけるは「神は活《い》くなんじの霊魂《たましい》は生《い》く我《われ》は汝《なんじ》を離れじ」と是《ここ》をもてエリシヤついに起ちて婦《おんな》に従い行きぬ。ゲハジはかれらに先だちゆきて杖をかの子の面《かお》の上に置きたるが声もなく聞《きき》もせざりしかば、帰り来《きた》りてエリシヤに逢《あ》いてこれに子いまだ目をさまさずという。エリシヤここに於《おい》て家に入《い》りて視《み》るに子は死にて己《おの》れの臥床《ねどこ》の上に臥《ふ》してあれば、すなわち入《い》りて戸をとじて二人内におりて、神に祈り而《しか》してエリシヤ上《あが》りて子の上に臥《ふ》し己《おの》れが口をその口におのが目をその目に己《おの》が手をその手の上にあて身をもてその子を掩《おおい》しに子の身体《からだ》ようやく温《あたた》まり来《きた》る。かくてエリシヤかえり来て家の内に其処此処《そここ》とあゆみおり又のぼりて身をもて子をおおいしに子七度《ななたびくさめ》嚔して目をひらきしかば、ゲハジを呼びてかのシュナミ人《びと》をよべといいければ即ちこれを呼べり。

（列王紀略下《れつおうきりやくげ》第四章）

○

列王紀略下《れつおうきりやくげ》第四章にシュナミ人《じん》の一人の婦人が自分の子供が死んだ時に預言者《よげんしゃ》エリシヤに対してその子のよみがえることをねがった。その時、預言者エリシヤはその僕《しもべ》ゲハジを遣《つか》わしてその婦人の来たるを、途中に迎えしめて、「汝《なんじ》平安なるや。汝《なんじ》の夫は平安なるや。汝《なんじ》の子は平安なるや。」と問わしめたのに対して、「安らかなり」と彼女は答えたのであった。

この婦人のこの答えこそ所謂《いわゆ》る実相《じっそう》を直視《じきし》するところの答えだということができるの

であります。どんな困難《こんなん》がやってきた時にも、常に吾々《われわれ》はそれに対して「悪はない、すべては善である」と答えなければならないのであります。もし吾々《われわれ》が実相《じっそう》を見る眼《め》がありましたならば、如何《いか》なる困難《こんなん》の時にもかく答えることができるのが真実なのであります。もし困難に直面しながらでも「悪はない、神のみあるのだ。善のみあるのだ」と実相を直視《じきし》することができましたならば、困難はただちに消え、その言葉の通り、善なるよき実相のみが現われてくるのであります。

すべての宗教はこれを教えているのであります。少《すく》くとも教祖級《きょうそきゅう》の人はこれを教えました。天理《てんり》教祖は、召使《めしつかい》の女に自分の夫を奪われ、その女から毒殺《どくさつ》されようとして、味噌汁中《みそしるちゅう》の毒薬を嚥下《えんか》（註・のみくだすこと。えんげともいう）して激しい腹痛に苦しみながら、

「ここがこのまま極楽《ごくらく》じゃ」

と絶叫《ぜっきょう》しながら、彼女は遂《つい》にその被害から立ち上《あが》り神を感応《かんのう》し得《う》る心境になって天理教を開いたのであります。ある金光教《こんこうきょう》の教会長は、上から何か重いものが落ちて来

て頭をしたたか打撲《だぼく》されて血をふきだしたその瞬間に、

「ありがとうございます」

と感謝《かんしゃ》したということであります。これは頭に負傷したのがありがたいのではないのであって、その打撲《だぼく》の瞬間にも、心を現象《げんしょう》の打撲に捉《とら》われることなく、打撲もなく、負傷もなく、円満完全《えんまんかんぜん》なる平和なる実相世界《じっそうせかい》の光景に心をクラリと転じて「ありがとうございます」と感謝したそこが素晴《すば》らしい心境なのであります。

仏教でも、真宗《しんしゅう》で、「南無阿弥陀仏《なむあみだぶつ》」と念仏《ねんぶつ》する。それを「至心廻向《ししんえこう》」と申しますが、廻向《えこう》というのは心がくらりと回転することであります。肉眼で見れば罪悪深重《ざいあくじんじゅう》の凡夫《ぼんぶ》の住んでいる所の穢土《えど》に住んでいるのであるけれども、心がくらりと廻向《えこう》して、あみだ仏《ぶつ》の無礙光《むげこう》のみを心に念ずるのであります。これがすなわち「至心廻向念仏《ししんえこうねんぶつ》」でありまして、真宗《しんしゅう》の教えの極意《ごくい》であるともいえるのであります。「至心廻向《ししんえこう》」というのは、全心全体の回転をさすのでありまして、全心全霊が回転して光の方《ほう》のみをみつめている状態が、「至心廻向即得往生《ししんえこうそくとくおうじょう》」の根本条件であって、その深い心の状態を、「至誠心《しせいしん》」というのであります。

法華経《ほけきょう》でも同じことを説いているのでありまして、その如来寿量品《にょらいじゅりょうほん》の自我偈《じがげ》に、

「衆生劫《しゅじょうこう》つきてこの世の焼《や》くると見るときもわが浄土《じょうど》は安穏《あんのん》にして天人《てんにん》常に充満す」

と説いているのは現象世界《げんしょうせかい》が、広大なる原子爆弾的破壊《げんしばくだんてきはかい》を受けて、現象世界が悉《ことごと》く壊滅《かいめつ》すると見える状態の時にも、心を一転して、実相《じっそう》の世界を直視《じきし》すれば、天人《てんにん》常に充満せる、天の音楽嚠喨《りゅうりょう》たる、花びらさんさんとふる極楽浄土《ごくらくじょうど》であるというのであります。

このようにほとんどすべての宗教は、現象世界の困難《こんなん》に遭遇《そうぐう》しながらも心を一転することを教えているのであります。

さて列王紀略《れつおうきりゃく》のエリシヤの物語に復《かえ》ることにしまして、エリシヤはゲハジに対して、

「汝腰《なんじ》をひきからげ、わが杖《つえ》を手にもちて行け、……わが杖をかの子の面《かお》の上におけ」

といった。そこでゲハジはエリシヤから賜《たま》わりしところの杖をその死せる子の面《かお》の上においたのであります。しかしその子は尚《なお》死よりよみがえることなく、声もなく静かに

横たわっているのみだったのであります。これは何を現わすかと云《い》いますと、杖というものは「それに頼るもの」であります。自《みず》らの生命が生きないで頼るものに頼っている間は本当に生命が生きないということを現わしているのであります。

杖《つえ》を顔の上においてもその子供がよみがえらないので、ゲハジは帰って来て、エリシヤに対して、

「いまだその子目をさまさず」といいました。そこでエリシヤみずからその家に入《い》り、子供を見るに、子供は臥床《ねどこ》の上に横たわって死んでおります。その時エリシヤはどうしたかというと子供と二人きりの一室で神に祈って、「子の上に伏臥《うつぶ》して己《おの》が口をその口に、己《おの》が目をその目に、己《おの》が手をその手の上にあて、身をもってその子を掩《おお》いしに、その子の身体《からだ》ようやく温《あたたま》りきたる。かくしてエリシヤ外に出《い》で神に祈り又帰り来《きた》りて家の中にそこここと歩みより、又子供の臥床《ふしど》にのぼりて身をもて子を掩《おお》いしに、その子七《なな》度嚔《たびくさめ》して目を開きし」とあります。即ち、よみがえったのであります。

こう云《い》う物語を読むときには、これを象徴的《しょうちょうてき》に解釈しなければなりません。その

「子」というのは吾々《われわれ》の中に宿《やど》るところの「神の子」の実相《じっそう》であります。吾々《われわれ》の中に実相は宿っているのでありますが、多くの人に於《お》いては尚《なお》眠っているのであります。そしていろいろ病気とか、不幸とか、死とかの状態を現わしているのであります。それを生かす道はエリシヤがしたように、

「神の目と自分の目とをぴったり一つにあわせ、神の口と己《おの》が口とをぴったり一つにあわせ、神の手と自分の手とをぴったり一つにあわせ、自分の全身を神の全身とぴったりあわせる」ことによって生きてくるのであります。それが即ち神想観《しんそうかん》でありまして、どんな逆境《ぎゃっきょう》にいてもどんな重病にかかっていても、

「吾《われ》今五官《ごかん》の世界を去って、心を一転して実相《じっそう》を観《かん》ずる」のであります。そして神の生命が、自分の毛髪《もうはつ》に、額《ひたい》に、眼に、鼻に、口に、首に、手に、全身に流れ入《い》って、ぴったりと互《たがい》に一つになるのであります。即ち、全身全霊が神の方《ほう》にクラリと振り向くのであります。仏教では、かくして無量寿仏《むりょうじゅぶつ》即ち無限の生命と一つになるのであります。

キリスト教では、

「吾《われ》は復活なり。生命なり。吾《われ》を信ずるものは死せず。吾《われ》によりて生くるものは永遠の生命を得《う》。」とイエスがいわれたところの永遠の生命と、目と目とがかちかちとふれるかの如《ごと》く一体になるのであります。これが即ち宗教を実生活に生きる道であって、この神想観的自覚《しんそうかんてきじかく》を常に日常生活に失わずに生きることが大切であります。

光明思想社の本

日本文化の底力

美しい国の世界維新

野島　芳明著

〝富国強兵〟から〝経済大国〟、その次に来る日本の国家目標は〝文化維新による美しい国〟だ！

明治、大正、昭和初期まで約百年続いた「富国強兵」策、ついで戦後六十年間の「経済成長」策、その果てのバブル崩壊。今日の無目的化した日本及び日本人が、次に目指すべきは〝日本発の文化ルネッサンス〟である！

底知れぬ日本文化の力が、今日の閉塞状況の日本と不安定化する世界を救う！

定価 1700 円

定価（五％税込）は平成二十一年八月一日現在のものです。品切れの際はご容赦ください。

小社ホームページ　http://www.komyoushisousha.co.jp/

光明思想社の本

古事記と日本国の世界的使命

甦る『生命の實相』神道篇

谷口雅春著

責任編集　財団法人生長の家社会事業団
谷口雅春著作編纂委員会

幻の名著復刊！　アメリカGHQの検閲下にあって出版停止を余儀なくされ、今日まで封印されてきた黒布表紙版『生命の實相』第十六巻神道篇「日本国の世界的使命」第一章「古事記講義」が完全復活。『古事記』が預言する〝日本国の世界的使命〟とは何か。著者の「唯神実相論」によって、その驚くべき全貌が解き明かされる。混迷を深め、漠然とした不安に怯える現代の日本人と日本社会に、自信と誇りを取り戻させる画期的著作。

定価1800円

定価（五％税込）は平成二十一年八月一日現在のものです。品切れの際はご容赦ください。
小社ホームページ　http://www.komyoushisousha.co.jp/

光明思想社の本

人生《じんせい》の鍵《かぎ》シリーズ
希望実現《きぼうじつげん》の鍵《かぎ》

平成二十一年九月五日　初版発行

編著者　谷口雅春《たにぐちまさはる》

責任編集　財団法人 生長の家社会事業団
谷口雅春著作編纂委員会

発行者　白水春人

発行所　株式会社 光明思想社
〒一一〇-〇〇一六
東京都台東区台東一-九-四　松浦ビル5F
電話〇三-三八三一-四八〇〇
郵便振替〇〇一二〇-六-五〇三〇二八

装幀　松本 桂／山根 到（カバーイラスト）

本文組版　メディア・コパン

印刷製本　モリモト印刷株式会社

ISBN978-4-904414-05-7

総索引

＊頻度の多い項目は、その項目を定義、説明している箇所を主に抽出した。
＊関連する項目は→で参照を促した。
＊本書中にある「祈りの言葉」「思念の言葉」及び「真理の言葉」は別項を立てて一括掲載した。

〔あ〕

愛(するとは)　52,53,57,58,132,156,199
　—情の潤い　163
　—の心　140　→心
　—の念波　58
　—の光　139　→光
　—の余剰動力　163
　神(様)の(すべての)—(の王座、の実現、の放送局)　29,53,58,70,74 126,127,132,139,163　→神
　神自らの—　127　→神
　キリストの—　57　→キリスト
　肯定的な—　57
　執着の—　190,194
　深い(ふかい)—　195,196
　無限の(智慧と)—　132,154　→智慧、無限
悪　98,106,173,174,175,207
　—感情　107
　「—に抗すること勿(なか)れ」　90
　—の存在　133
　—はない　206
　相手の—　113
　一切の—　115,133
与える者　134
与えれば与えられる　162
「与えれば与えるほど殖える」の真理　162　→真理
(グレ・)アブニュー　140、141
雨　40,42,43,44
アメリカ　23,40
　—の南北戦争　150
　—の風習　190
　—のユニティ協会　57　→ユニティ協会
アラジン　109　→魔法のランプ
「ありがたい放送局」　51　→「難あり放送局」
暗黒思想　132
(悪しき、よき)暗示　180

〔い〕

イエス(・キリスト)　16,44,60,61,62,63, 64,65,66,67,77,90,128,129,156,158,163, 163,212　→キリスト
　—の教え(の無抵抗の真理)　67,87, 165
　—の信仰　63　→信仰
　—の弟子　114
　—の説いた真理　1
胃癌　182
いけにえ(犠牲)　40
胃腸　179
祈り(というもの)　15,16,17,36,39,40,58, 60,70,82,83,110,111,114,115,143,176
　—がきかれない場合は　79
　—が成就するために(には時が要る)　43,146　→時
　—に対する神様のお導き　19　→神
　—になくてはならない要領　37
　—の言葉　1　→言葉
　—の成就する第一段階　18
　—の一つの形式　153
　—の室　112
　神の中にとけこむ—　76　→神
　思念は深き—　27
　主の—　110

女性の— 33
典型的な— 36
紛失物を発見するための— 14
本当の— 77
医療 177,178
インスピレーション 17,22
神の— 164 →神
(老)印度人 40,41,42,43

〔う〕

ウイクリー・ユニティ 88 →ユニティ
嘘つき 181
(大)宇宙 16,134,154,173
—大会社の大株主 154
—大生命 105 →生命
—的な夢 30 →夢
—の魂 104 →魂
—の無限大の創造力 30 →創造、無限
乳母車 34,35,36,38,39
運命 93,96,98,101,121,169
よき— 183

〔え〕

AK 28
エディプス・コンプレックス 111
エネルギー 162
(預言者)エリシヤ 202,203,204,205,206,209,210,211 →預言者
エリヤ 40,42,43
縁 179

〔お〕

黄金律 103,105
思いわずらい(うと云うのは) 131
恩寵 127,132
神の— 132

〔か〕

我(が) 73,75,76,77,119
—の執着 87
ガードナー・ハンテング 14,92 →ハンテング
風邪 178,179,191,192
家庭の不調和 48
神(さま、様) 28,29,30,38,43,45,48,49,70,70,71,72,75,78,82,83,90,97,103,110,114,124,127,132,133,135,142,153,156,161,165,175,176,188,189,193,205,207
—さま(なる先生の力、の御意) 16,43,124 →力
—と一体(なるところの自分、の生命) 29,102
—との交通 104
—と(完全に)和解 114
—に調和した生き方 74
—に通ずる道 159
—にまかせきりの心境 76
—の愛(の王座、の波長、の放送局) 53,58,70,80,126,132,139,163 →愛
—の後嗣者(あとつぎ) 165
—の意志 146,149,150,152,153
—のインスピレーション 164 →インスピレーション
—の叡智 74,75
—の恩寵 132 →恩寵
—の口 211
(実相の、約束の)—の国(の義、の構成要素、の義(ただ)しき、の豊さ) 45,126,128,129,130,131,132,133,134,135,166,176 →実相
—の啓示 39
(自分は、人間)—の子(たる人間、の実相、の完全なる実相) 14,29,30,50,78,79,80,81,84,161,165,180,211 →実相、人間
—の言葉 143 →言葉
—の実在(を行ずる) 102
—の指導 176
—の示し給う道 153
—の祝福 134 →祝福

—のすべての愛　29　→愛
—の聖なる計画　149
—の(無限)生命　29,102,107,211
→生命
—の世界　160
—の全身　211
—の全能の善なる力　133
—の創造(せられた世界)　114,175
→創造
—の(一大)想像力　173　→想像
—の(は永遠の)存在　41,49,132
—の(すべての、無限の、無限に賢き)智慧　29,74,77,102,115,120,123,124,139,140,143,149,152,153
→智慧
—の(すべての)力　29,102　→力
—の造り給いし(完全なる、実相)世界　175,176
—の造り給うた人間(この世界)　98,114　→人間
—の手　211
—の中にとけこむ祈り　76　→祈り
—の光(の波長)　81,83,133,139
—の人　204,205
—の表現　31
—の法則　65,70,71,72,74,75,77
→法則
—のみ心　75,77,149,152,154
—の(深切なる)導き　40,98,122,123,134,153
—のみもと　160
—の無限大の創造力　30
→創造、無限
—の目　211
—の約束　45
—の世継ぎ　14
—のよろこび　134
—の理念　174
—の(は)霊(波)　110,113,129　→霊
—は最高の智慧者　151
—は自由本体　49
—は救いの—　71
—は光　82　→光
—自らの愛　127　→愛
愛の—　71
完全の—　71
自己の—　131
実相は—の子　54　→実相
人類は(互に)—の子　54,55
→人類
生命の—　71
全智全能の—　30
人間は—の自己実現　49　→人間
一つの—の二つの面　74
『神と偕に働きて』　14,25
我欲　77
—的目的　82
芥子(種)　60,61,62,65,66,68,128
→パン種
—の如き信仰　64　→信仰
—程(の信、の信仰)　60,64,65,67
→信仰
カリフォルニア(州)　21,22
カルメル山　204
環境　173,194
感謝(の気持、の心、の心境)　51,56,95,110,115,188
鉋(かんな)　120,122
観念　113,179,183
業の—　81　→業
自己処罰の—　81　→自己処罰
罪の—　81,82　→罪
反対—　89
病的—　179,183　→病的
よき—　180

〔き〕

奇蹟　27
—的行績(的力)　123,124
—の体験　18
希望　13,30,48
—の実現(に必要なる鍵)　1,2
旧約聖書　40
—の創世記　73　→聖書
行(ぎょう)　160
教育　126

教会の礼拝　126
供給
　―の本源　156
　(霊的)無限(の)―(の真理)　156,166,
　　167　→真理、無限、霊
境遇　98,173
教祖級の人　207
経典　164
恐怖(心)　28,82,107,139,175,178
　治らない―　80
キリスト　53,56,71,77,78,107,110,123,124,
　　126,130,131,135,161,162,166,176
　　→イエス
　―教(派、宗派)　1,211
　―教会の牧師　16
　―の愛　57　→愛
　―の教え　103,105
　―の弟子　123　→イエス
　―の放蕩息子の寓話　166
　　→寓話、放蕩息子

〔く〕

寓話 99,100,103,106,161,164
　キリストの放蕩息子の―　166
　　→キリスト、放蕩息子
　「手に指輪をはめよ」という―　163
　「指輪をはめ靴をはかせよ」という
　　―の意味　165
(古き)靴(とは、のハタラキ)　164
苦痛　48
クリスチャン　89
苦しみ　70,71,130,135
黒住教祖　50　→「難あり有り難し」

〔け〕

刑罰　71
欠乏　48
ゲハジ　203,204,205,206,209,210
　　→僕ゲハジ
健康　71,83,121,126,134
　―な生命　83　→生命
　―なる肉体　174　→肉体
　―のために思念する言葉　179
　　→言葉
現在意識　180
現実世界　176
原子爆弾　173
　―的破壊　209
現象　67,83,174,208
　―(世)界(の困難)　28,53,175,176,
　　209
　―的存在　174
　悪しき―　175
　形ある―　170
現世　83

〔こ〕

業　81
　―の観念　81　→観念
　「―力(ごうりき)に転ぜらる」161
広告業　21
幸福　50,68,71,75,77,154,175
　―生活　47
　―製造会社　154
　―なる生活　174　→生活
　―の原因　173
　―の実現　52
　―の配当　154
　―の波長　50
　―の楽園　176,177　→楽園
　「―放送局」 52
　真の―　77
　人間が―になる道　77　→人間
光明　57,160
　―思想　131
　―思念の簡単な言葉　58　→言葉
　―思念放送連盟　57
　―の想念　58　→想念
「肥えたる子牛」166
五官
　―の智慧の目(樹の果)　176
　―の領域　130

極楽　207
　―浄土　209
心　52,53,130,208
　―に光を点ぜよ　125,132　→光
　―の現われ　121
　―の運転　189
　―の奥底　26,179
　―の影　122,194
　―の支配　121
　―の車輪の回転　189
　―の障礙　29
　―の世界　198,199
　―のダイヤル　50,51,52
　―の中心　189,194,200
　―の中のブレーキ　26
　―の悩み　195
　(善き)―の波長　50,52,53,152
　―のバリコン　51
　―の反映　73
　―の(世界の)法則　82,183　→法則
　―の貧しさ　44
　―は自分の支配下にある　127
　愛の―　140　→愛
　憐みの―　158
　疑い―　82
　感謝の―　56　→感謝
　暗い―　82,83
　実相を見る―の目　54　→実相
　自分の(褊狭な)―　126,139
　人類の―　63　→人類
　憎み恨みの―　83　→憎み恨み
　破壊的な―　56
　表面の―　82,113
　不平や怒りの―　56
　(人間の)迷いの―　174,175
　　→人間、迷い
　赦す―　55
コトバ、言葉　53,162,181
　―の雑草　64
　―は種　56　→種
　愛深き楽観的な―　57
　怒りや不平や呪いの―　56
　親の―　179
　神の―　143　→神
　健康のために思念する―　179
　　→健康
　建設的な―　56
　光明思念の簡単な―　58　→光明
　賞賛の―　57
　真理の思念の―　28　→思念、真理
　人類相愛の―　57
　善と福とを実現するための―　54
　　→善、幸福
　破壊的な―　55
　否定的な―　65
　許し合う―　56
　喜びの―　56
子供(の教育)　98
金光教の教会長　207
困難　51,52,76,79,149,150,207
　―の原因者　71

〔さ〕

猜疑　107
災難　71,81,176,189
(新、新しい、現在の病的)細胞　182,
　183　→病的
さばき　56
山上の垂訓　67,90　→聖書

〔し〕

死　80,135,210
　―の恐怖　80
(迷いの)自壊作用　159　→迷い
シカゴ広告代理業者　23
時間　63
　―(の)過程(経過)　62,63
　―空間の印画紙　170
自己処罰　82
　―の観念(の具象化)　81　→観念
　―の念　82
至心廻向　208
　―即得往生　208
　―念仏　208　→念仏

至誠心　208
(大)自然　63
　―界(の法則)　82,173　→法則
　―科学の研究　74
　―の法則　63,189　→法則
　―の療能　63
実在　102,174,177
　―界　175
実相 28,83,98,161,174,206,211
　―隠蔽　161
　―(の)世界　80,176,208,209
　―の光　83
　―の無限能力　29　→無限
　―の善きもの　57
　―は神の子　54　→神
　―を直視　206,207
　―を見(観)る心の目(眼)　54,201
→心
　「神の子」の―　211
　善なるよき―　207
　人間神の子の完全なる―　174
→神、人間
　人間の(完全なる)―　28,29,79
→人間
嫉妬　107
思念　180,181
　―の言葉　14,27　→言葉
　―は深き祈り　27　→祈り
　真理の―の言葉　28　→言葉、真理
　善意と愛と幸福との―　53
自分考え　76
僕(しもべ)ゲハジ　206　→ゲハジ
釈迦の慈悲　57
ジャック・アダムス　23,24,25,26,27,28
→アダムス
ジャンバルジャン　170
自由
　―意志　69,72,73
　最高の―　173
　人間の―意志　72　→人間
什一税　126
宗教　110
　―家　53
　―業者　165
　―的な訓練　90
　―的世界平和運動　55
　―を実生活に生きる道　212
　(ほとんど)すべての―　207,209
　世界のあらゆる―　1
(お)習字　123
「十字架を負う」　77
姑　185
　嫁と―　185　→嫁
祝福　58,127,132,133
　―する者　133,134
　―する光　134
　―の放射線　134
　神の―　134　→神
　他を―する者　133
シュナミ人　203,204,206
受難　71
シュネム　203
呪文的効果　28
ジョー(・ライン)　146.148
消極思想　132
商行為　163
小説　19
情欲　79
「知る」　109,110
　真理を―　110　→真理
信仰(心)　13,60,61,62,64,65,66,67,120,
142,143,164
　―が実現する時期と条件　59
　―には地平線がない　30
　―の実現　63
　―の精神力　62　→精神力
　―の世界　63
　―の荘厳さ　17
　―の(は)種(子)　61,62,65,66,67,68
→種
　―の(は)力　31,66　→力
　―深き人　70
　イエスの―　63　→イエス
　輝かしき完全な―　66
　芥子種の如き(程の)―　64,65
→芥子種
　(いと)小さい(き)―　60,65,66
真宗　208

　—の教えの極意　208
人生　189
　—苦　48
　—の航路　189
　—の善と福　107
神想観　26,70,76,81,102,112,124,176,211
　—的自覚　212
信念　30
新聞(社)　19,20,21
　—の通信(部)員　19,21
真理　27,48,57,66,107,164,176,195,199
　—の証　103
　—の実践　1
　—の使徒　57
　—の思念の言葉　28　→言葉、思念
　—の信奉者　52
　—の武器　55
　—の文献、著述　23
　—の法則　66　→法則
　—の黙念　1
　—の理解の基礎　127
　—は常に—　28
　—を実践せよ　165
　—を知る(もの)　54,110　→「知る」
　—を求めるのは　48
　「与えれば与えるほど殖える」の—　162
　純粋の—探求　48
　生活を光明化する—　2
　絶対的—の認識　68
　「抵抗する勿(なか)れ」の—　91
　一つの—に帰一する　1
　無限供給の—　158,167　→供給、無限
　無抵抗の—　85,88,90　→無抵抗
(全)人類　53,54,57,58,173
　—相愛の言葉　57　→言葉
　—相互の楽観的な思想　57
　—大多数の心(想念)　53
　—互に神の子　55　→神
　—の幸福と平和と繁栄　53
　—の心　63　→心
　—は神の子　54　→神
　平和なる—兄弟相愛の世界　57

〔す〕

水車　163
スコットランドの(老)大臣　103

〔せ〕

星雲　173
性格
　落ちつきのない—　180,181
　人間の—　180
　不正直な—　181
生活
　—の主人公　165
　幸福なる—　174　→幸福
　主動的—　165
　受動的—　165
聖句　16
成功　126
　—の第一条件　29
　いい加減の—　30
聖書　60,155,164,176,197
　—の言葉　17　→言葉
　—ルカ伝　156
精神
　—統一(中)　127,179,180
　—力　62
　指導—　183
　信仰の—力　62　→信仰
生長の家(の講習会、道場)　1,25,111,121　→練成
生命　102,156,210
　—の奥底　130
　—の樹　74
　—の神秘　63
　—の波動　53
　—の火(の本源)　105
　—の本源　105
　宇宙大—　105　→宇宙
　永遠の—　212
　神の(無限)—　29,102,107,211　→神
　健康な—　83
　無限の—　211

吾々の— 29
『生命の實相』 179
善(意) 52,54,58,174,207
—念 54
すべては—である 206
先見的予定 48
潜在意識 112,179,180,183
戦争 53

〔そ〕

創造
宇宙(神)の無限大の—力 30 →宇宙、無限
神の— 114 →神
想像力は—力 170,176,183 →想像
想像 177
—の自由 170
(親の、神様の、神様の一大、心の、人間の)—力(の実現力、の実現する力、は創造力) 169,173,174,176,177,178,179,181,182,183 →神、創造、人間
想念 52,107
行動のない— 124
光明の— 58
消極的— 65
人類大多数の— 53 →人類
積極的な明るい— 65
争闘の— 55
悲観的な(破壊的な)— 54,55
善き— 54
(ラルフ・)ソックマン博士 103,104

〔た〕

(水力)タービン 163
第三次世界大戦 52
タイム 65 →時
太陽 83
—系統 173
宝 148
内在の— 145
埋蔵された— 147
ダナ・ガトリン女史 127
たね(種、種子) 62,63,64,65,68
言葉は— 56 →言葉
信仰の(は)— 61,62,68 →信仰
物質界の— 62
わが中(うち)にある— 65
ダビデ 186,190,191,192,195,196,198,199,200
たましい(魂、霊魂) 66,68,75,78,127,152,198,205
—の奥殿 68
—の底深き願い 152
宇宙の— 104
人(間)の— 49,56

〔ち〕

智慧 31,52,119,120,121,122,134,156,164
—の樹(き) 74
—の樹の果 73,77
—の光 139 →光
—の導き 121,124
神の(すべての)— 29,74,77,102,123,124,139,140,143,149 →神
自分の— 76,119,120
本当の— 77
無限の—と愛 154 →愛、無限
より高き—(の導き) 148
(ハリー・)チェーズ 88,89,90,91
力 134
神の(すべての)— 29,102 →神
信仰は— 31 →信仰
忍耐の— 89 →忍耐
魔術的— 109
無抵抗の— 90 →無抵抗
霊的— 104 →霊
地球 173
治癒 63,177
人体の—力 63
調和 52,175

〔つ〕

杖　205,209,210
罪　81,161
　—あるもの　160
　—の観念　81,82　→観念
　—の束縛　81
　—のつぐない　160

〔て〕

手　161
(老)ティートン　41,42
天国　44,57
　—浄土　113
　自己に宿る—　127
天地
　——切のものと和解する　113
　—の主宰者　43
天　157,158
　—人　209
　—の(に於ける)父　16,129,176
　—の使い　40
　新しき—と新しき地　135
天災地変　159
天分　89
　霊的—　176　→霊
天理教(祖)　56,207

〔と〕

時　→タイム
　祈りが成就するには—が要る　43
徳久克己博士　111
富　166
　物質の—　166　→物質
トランスフォーマー　118,124
取越苦労　153,175

〔な〕

南無阿弥陀仏　208
「難ありあ(有)りがた(難)し」　50,51
　→黒住教祖
難儀　50,56
　「—は節や節から芽が出る」　56
　→天理教祖
「難あり放送局」　50
　→「ありがたい放送局」
南京錠　15

〔に〕

肉　79,129,166
　(健康なる、病気の)—体(組織、的運動、的動作、的欲望、本来なく)　63,78,79,83,121,122,123,166,173,174,182,194
　—(の)眼(で見る世界)　128,129,130
　—の象徴　166
　—欲(の欲望)　79
　—を殺す　166
憎み(恨み)　80,107,139
　—の心　83　→心
ニコデモ　129
如来寿量品の自我偈　209
人間　49,50,86,106,161
　—が幸福になる道　77　→幸福
　—の権利　49
　—の(完全なる)実相　28,29,79
　→実相
　—の自由意志　72　→自由意志
　—の生命　101
　—の想像力　173
　—の不幸　73,140　→不幸
　—の迷いの心　175　→心、迷い
　—は神の自己実現　49　→神
　神の子たる—　161　→神
　神の造り給うた—　98　→神
　無限力の—　28　→無限力
忍耐　90
　—の力　89　→力

〔ね〕

念仏　208
　至心廻向—　208　→至心廻向

〔は〕

肺病　182
パウロ　78,124
罰(ばち、ばつ)　159,189
磔刑(はりつけ)　71,77
繁栄
　—するためには　156
　—の原則　155
万教帰一的、無宗派運動　1
パン種　128　→芥子種
ハンテング　14,15,18,21,25,26,31
　→ガードナー・ハンテング

〔ひ〕

ピアノ　120
光　52,137,139,140,160,208
　愛の—　139　→愛
　神の(は)—　82,139　→神
　心に—を点ぜよ　125
　智慧の—　139　→智慧
病気　48,49,51,52,56,70,71,79,81,83,84,131,175,176,177,178,182,189,192,211
　→病い
　—の肉体　174　→肉体
病弱　70
病的
　—観念　179,183　→観念
　(現在の)—細胞　182　→細胞
　—な姿　182
病人　177,182,195
貧乏　49,51,52,71,131,176

〔ふ〕

復讐　71
不景気　51,52
不幸　48,49,50,52,76,79,81,84,130,131,133,175,177,178,189,211
　—の原因　52,173
　—の精神的渦巻　52
　—の転帰　182
　—の波長　50
　一切の—　176
　人間の—　73,140　→人間
復活　71,83,212
仏教　161,208,211
物質　122,166
　—界の種　62　→種
　—的利益　48
　—の化学的作用　177
　—の象徴　166
　—の世界　130
　—の富　166　→富
　—の波　129
　—力　62
　—本来なく　122
ブラザー・ローレンス　102
分子　182,183

〔へ〕

平和　71,134,175
　本当の—　77
ペテロ　124

〔ほ〕

法則　69,72,73,74,75,82,90,159,194
　神の—　65,70,71,72,74,75,77　→神
　心の(世界の)—　82,183　→心
　自然(界)の—　63,82,189　→自然
　真理の—　66　→真理
　火の生ずる—　72
　「火は物を焼く」という—　72,74

放蕩息子　157,161
　キリストの―の寓話　166
　　→キリスト、寓話
「法輪を転ずる」161
法華経　209

〔ま〕

マーセラー　192,195,196,199,200
マーベル(夫人)　186,187,188,190,191,192,194,195,196,197,198,199,200
魔術的力　109　→力
魔法のランプ　109　→アラジン
迷い　114,122
　(人間の)―の心　174,175
　　→心，人間
　―の自壊作用　159　→自壊作用

〔み〕

ミシガン州　21
ミス・ベーカー　40,42
「道を踏み行う」　164

〔む〕

無限　30
　―供給(の原理、の真理、の世界)
　71,158,159,166,167
　　→供給、真理
　―原理　163
　―循環　161,162
　―の(智慧と)愛　132,154
　　→愛、智慧
　―の生命　211　→生命
　―力の人間　28　→人間
　宇宙(神)の―大の創造力　30
　　→宇宙、創造
　実相の―能力　29
　霊的―の供給　166　→供給、霊
虫の知らせ　17
無神論者　48
無抵抗　90,91
　―の主義　94
　―の真理　90　→真理
　―の力　90
無量寿仏　211

〔め〕

迷信(者)　121,122,123

〔も〕

モーター　122
黙示録　134
黙想　102
持越苦労　153
「求めよ(、)さらば与えられん」　16
門前の小僧経を読む　16

〔や〕

野球　87
病い　80,84,133　→病気
暗(やみ)　143

〔ゆ〕

ユニティ（協会）　1,106,118,172
　―の教(おしえ)　172
　―の信者　142
　―の真理の書物　25　→真理
　―の説く真理　1
　アメリカの―　57
　国際―　57
指環　158,161,162
　「手に―をはめよ」という寓話　163
　　→寓話
夢　30
　宇宙的な―　30

(無条件の)赦し　160

〔よ〕

欲 79
預言者エリシヤ　202,206　→エリシヤ
嫁　185
　—と姑(との問題)　185,194　→姑
　邪慳な—　192
喜び　56,134

〔ら〕

ライオン　106
楽園　74,177
　幸福の—　176,177　→幸福

〔り〕

利己主義　139

〔れ〕

霊　80,83,84,129
　—界　84
　—的世界　63
　—的存在　182
　—的力　104　→力
　—的天分　176　→天分
　—的無限の供給　166　→供給、無限
　—の賜物　176
　—の領域　130
　—(の)波　129
　神は—　129
　金剛不壊の—身　180
列王紀略(下)　202,206,209
(飛田給の)練成(会)　111,112

〔ろ〕

老衰(した姿)　182

〔わ〕

環(わ)　161

祈りの言葉・思念の言葉・真理の言葉

悪はない、神のみあるのだ。善のみあるのだ　207

悪はない、すべては善である　207

いと小さきものを愛するはキリストを愛するのである　78

今、神の導きがあるのである　153

必ずよいことが来る。必ずよくなる。必ず平和のみが来る　54

神この世の終りまで吾(われ)汝らとおらん　135

神様。あなたは吾々(われわれ)の救いのために神の一人子(ひとりご)をさえおつかわし下さいました。あなたは今も昔も同じようにあられますから、今もエリヤに雨を与えたまうたように、吾々に雨を与えたまうことができるのです。どうぞ此の可哀相な印度人に雨を与えたまうて、神様が天地の主宰者であると云うことを知らせてやって下さい。　43

神さますべての事件をあなたのみ心におまかせ致します。私は今自分の智慧を悉くすてました。どうぞみ心のままになしたまえ。　76

神様、ちょっと眠(やす)ませて頂きますから、その間赤ん坊も眠らせて下さいますように。　38

神さまどうぞ私をおたすけ下さい　私にはこの問題を解決することはできません。得点は黒ばかりです。どうしてこうなのでしょう。どうぞ私のあやまちをお示し下さい。　193

神様、もしその乳母車が私に与えられたものでしたら、どうぞ私の手に入りますように。あなたは私に乳母車が必要だと云うことを知っていらっしゃいます。あの乳母車を受取りにやらせる人が私には見つかりません。もし私の願いが正しうございましたら、あの乳母車を手に入れる方法を貴方は知っていらっしゃいます。神様、私はあなたにすべてをお委(まか)せ致します。　36

神――即ち世界で最も有力なる作家――と共に協同著述しつつあるのだ　28

神と偕(とも)に常に我(われ)はあるゆえあらゆることは可能なのである　29

神の愛、吾(われ)に流れ入(い)り給いて、吾が全身にみち給い、全人類を祝福すべく光輝燦然として吾が全身より愛の念波を全人類に今放送し給いつつあるのである　58

神の国は汝の内にあり　130

神の光吾(われ)に流れ入り給うてすべての過去の罪と業とを浄め給うたのである。今吾(われ)は完全に洗い浄められて、本来罪なきところの円満完全清浄無垢なる神の子に生れ変ったのである。もう自分は如何なる罪の束縛も業の束縛をも受けることはないのであって、自分は自由自在である　81

神の無限生命、吾(われ)に流れ入って吾が生命となる　102

神の無限の智慧が流れ入(い)って来て一切の悪とみえるものが自分の目の前には消えてしまった　115

神の無限の力が今癒やしつつあるのだ　56

神よ、吾が信仰浅きを赦し給え　114

神よ吾が信仰うすきを赦し給え、あなたのお造りになりましたこの世界には不完全なものはないのであります。あなたの造り給いしそのままの完全なる世界が、どうぞ私の目にみえるようにして下さいませ　114

神よ、吾が手をあなたの御手(みて)の中に置き給え、そしてあなたの心の所へ導き給え。何のためにあなたがその方向に導き給うかは私の問うところではございません。あなたは無限の愛でいらっしゃいますから、常により一そう私が幸福になれるように導き給うに違いないのであります。私は今あなたの無限の智慧と愛に抱かれてまことに幸福でございます。あなたに感謝いたします。ありがとうございます。　154

神を愛するのは神を霊として愛さなければならない　78

広告様、ありがとうございます。乳母車様ありがとうございます。その持主様、ありがとうございます。　38

肥えた子牛を引き来たりてこれを屠(ほふ)れ、吾(われ)ら食して楽しまん　166

心をつくし、精神をつくし、魂をつくして汝の神を愛せよ　78

今日ありて明日炉に投げ入れらるる野の草をすらかく装い給えば、まして汝をや　161

幸いなるかな、心の貧しきもの。天国はその人のものなり　44

されど我は汝らに告ぐ、悪しきものに抵抗(さから)うな。人もし汝の右の頬をうたば、左をも向けよ。なんじを訟(うった)えて下衣’(したぎ)を取らんとする者には、上衣(うわぎ)をも取らせよ。人もし汝に一里行くことを強いなば共に二里ゆけ。なんじに請う者にあたえ、借りんとする者を拒むな。『汝の隣を愛し、なんじの仇(あだ)を憎むべし』と云えることあるを汝等きけり。されど我は汝らに告ぐ、汝らの仇を愛し汝らを責むる者のために祈れ。　86

されば、わが言葉をききて此れを行うものは、巌の上に家を築く賢者にたとえられん。雨降り、水溢れ、風吹きすさび、その家をうつとも倒るることはなけん。なんとなれば、それは、巌の上に築かれておればなり。　67

自分の全身は神の生命(いのち)にみたされ、神の生命(いのち)そのものが自分の全身であるから、気候や風土や、食物によって傷つけられるようなものではないのであって、常に完全円満な霊的存在である　180

自分は神の子であり霊的存在であるから、永遠に若いのである　182

自分は神の子である　29

14　祈りの言葉・思念の言葉・真理の言葉

自分は神の子であるから真理のみを語るのである。自分は正直である。正直が自分である。正直と自分とは一体である　181

自分は神の子であるから、常に神に守られて心は平和であり常に落ちついている　180

衆生(しゅじょう)劫(こう)つきてこの世の焼くると見るときもわが浄土は安穏(あんのん)にして天人常に充満す　209

主よ、吾(われ)信ず　64

天地は失せん。されどわが言葉は失せず　53

汝の如く汝の隣人を愛すべし　78

汝の最善を尽せ。しかし、その余(よ)は神に委(ゆだ)ねよ　91

汝は真理をしらん、真理は汝を自由ならしめん　107

汝ら思いわずらうこと勿(なか)れ　131

汝ら互に相愛(あいあい)せよ、愛するところに吾(われ)はいるなり　78

汝ら互にさばくこと勿(なか)れ　56

汝等(なんじら)の天の父は汝らに神の国を与えんことがその願いなり　129

人新たに生れずば、神の国を見ること能(あた)わず　128

人もし汝に一里を行くことを強(し)いなば共に二里を行け　162

まことに誠に汝に告ぐ、人は水と霊によりて生れずば、神の国に入ることを得ず、肉に生(うま)るるものは肉なり、霊に生るるものは霊なり、新たに生るる人、吾が汝に云いし事をあやしむな　129

まず神の国と神の(国の)義とを求めよ、(。)その余のものは汝(ら)に加えらるべし　166,176

先ず、神の国と神の国の義(ただ)しきを求めよ。　126

もし芥子種(からしだね)程の信あらば、この山に動きて海に入れと言うとも必ずならん　60

求めよ、さらば与えられん(、叩けよさらば開かれん)　16,128

私はあなたを赦しました。あなたも私を赦しました。あなたと私とは神に於いて一体でございます。私はあなたを愛しております。あなたも私を愛しております。あなたと私とは神に於いて一体でございます。私はあなたに感謝しております。あなたも私に感謝しております。お父さんありがとうございます。お父さんありがとうございます。　112

私はあなたを赦しました、私はあなたを愛しています。私は貴方に感謝しています。もし私があやまってあなたに気に入らないことをしていましたならどうぞお赦し下さいませ。あなたと私とは神の愛の中に渾然と融けこんで互に一体でござ

います。　80

吾(われ)今五官の世界を去って、心を一転して実相を観ずる　211

吾(われ)汝らに自由を与えんがために来たれり。　197

吾(われ)にせられんと思うが如く他に対してなせ　105

吾(われ)は神から分離したものではないのである。吾(われ)は神と一体である。神は自分の協力者であって自分は彼と共に、吾が使命づけられた仕事をなすのである。神がある通りに自分があるのである。神がもち給う通りに自分も亦(また)もつのである。吾(われ)は能力を有するのであり、完全なる成功は今ここにあるのである。　27

吾(われ)は神と一体である。吾が聖なる神の一大光源より発するところの火花である。吾(われ)は神と本質を同じうするのである。吾は神の子である。吾(われ)は神の世継ぎである。吾(われ)は神とはなれたる存在ではないのである。神がある如くに自分もあるのであり、神がもち給える一切を又自分ももつのである。諸君は自己を有限とみるか、否(いな)自分を無限とみるのである。吾(われ)は決して制限というものをみないのである。　14,25

吾(われ)は神の子である。宇宙の無限大の創造力と一体である。神の無限大の創造力が自分を通して表現しようと欲していられるのである。自分の表現する力は無限である。神から無限に智慧も能力も資本も流れ入(い)って来て自分を通して実現するのである。　30

吾(われ)は決して制限というものをみないのである　25

吾(われ)は汝を智慧と勇気と力とを以て祝福す　吾(われ)は汝を神の導きと守りと光栄とを以て祝福す　吾(われ)は神のよろこびと歓喜とを以て祝福す　134

吾(われ)は復活なり。生命なり。吾(われ)を信ずるものは死せず。吾(われ)によりて生くるものは永遠の生命を得。　212

吾々(われわれ)が人の負債を赦すかの如く、吾が負債をも赦し給え　110